Marianne Moldenhauer

MS und Arbeitsplatz

Multiple Sklerose im Berufsalltag

Marianne Moldenhauer

MS und Arbeitsplatz

Multiple Sklerose im Berufsalltag

Arbeits- und sozialrechtliche
Aspekte im Erwerbsleben

ISBN: 978-3-7693-7579-4

Bibliographische Information der Deutschen Nationalbibliothek.

Die Deutsche Nationalbibliothek verzeichnet diese Publikation in der Deutschen Nationalbibliographie; detaillierte bibliographische Daten sind im Internet über **http://dnb.dnb.de** abrufbar.

9. überarbeitete und erweiterte Auflage 2025

© 2025 Verlag: BoD · Books on Demand GmbH,
Überseering 33, 22297 Hamburg, bod@bod.de

Einbandgestaltung: Marianne Moldenhauer

Druck: Libri Plureos GmbH, Friedensallee 273, 22763 Hamburg

Vorbemerkungen

Aus Gründen der besseren Lesbarkeit wird nachfolgend das generische Maskulinum verwendet. Weibliche und anderweitige Geschlechteridentitäten sind dabei ausdrücklich mitgemeint, soweit es für die jeweilige Aussage erforderlich ist.

Die Inhalte dieses Buches basieren auf dem Rechtsstand März 2025 und wurden mit größter Sorgfalt recherchiert. Für die Richtigkeit, Vollständigkeit und Aktualität der Inhalte kann jedoch keine Gewähr übernommen werden.

Bitte beachten Sie, dass nachfolgende Informationen persönliche Beratung nicht ersetzen können. Wenden Sie sich bei Bedarf an eine Beratungsstelle, einen Sozialverband oder an einen Rechtsanwalt Ihres Vertrauens.

Lebensfreude im Berufsalltag

Autorin

Marianne Moldenhauer, Jg. 1965, geb. in Vechta (Nieder-sachsen), an Multipler Sklerose (MS) erkrankt seit 1989, lebt als selbstständig tätige Rechtsanwältin in Baunatal (Hessen). Mit ihren fachlichen Publikationen liefert sie bereits seit Jahrzehn-ten Wissenswertes für Menschen mit MS und deren Angehö-rige sowie Interessierte und zeigt Perspektiven auf.

Vor etwa 10 Jahren machte sie auch ihre zeitlos gültigen und nachdenklich stimmenden Aphorismen, zarten Gedichte und auto-biographisch inspirierten Texte einem größeren Leser-kreis zugänglich. Darin gewährt sie Einblicke in ihre Gefühls-welt und liefert Denkanstöße zum achtsamen Umgang mit der eigenen Lebensenergie hin zu einem aktiven und positi-ven Leben.

Ihr Buch „MS und Arbeitsplatz" möchte Sie allgemeinver-ständlich informieren und Ihnen zugleich Ratgeber und Weg-weiser für eine gute berufliche Zukunft sein.

Verstehen Sie das Buch als Praxisleitfaden hin zu einem selbst-verantwortlichen, kritischen und angstbefreiten Handeln mit ungetrübter Lebensfreude im Berufsalltag.

Diagnose „MS"!

Wie gestalte ich die Jobsuche
oder
was wird aus meiner beruflichen Tätigkeit?

Die MS-Erkrankung wirkt sich häufig auch auf das Arbeitsleben Betroffener aus. Sie führt jedoch nicht zwangsläufig zur Arbeitsunfähigkeit oder vorzeitigen Berentung, d. h. Betroffene sind zumeist in der Lage, eine Ausbildung zu absolvieren oder ihren Beruf über lange Zeitstrecken ohne größere Beeinträchtigungen auszuüben.

Wie Sie nach der Diagnosestellung Ihre Schritte ins Berufsleben oder Ihre nächsten Schritte im Rahmen des bestehenden Beschäftigungsverhältnisses planen, hängt von Ihrer ganz persönlichen Situation, den beruflichen Anforderungen und den Verhältnissen im Betrieb Ihres (möglichen) Arbeitgebers ab.

Treten im Verlauf Ihrer MS-Erkrankung Funktionsbeeinträchtigungen auf und/oder kommt es zu MS-bedingter Arbeitsunfähigkeit, stellen Betroffene sich allerdings regelmäßig eine Vielzahl von Fragen: Ist z. B. ein Antrag auf Feststellung der Schwerbehinderteneigenschaft sinnvoll? Haben Arbeitgeber das Recht nach einer Schwerbehinderung zu fragen? Habe ich vielleicht sogar eine Mitteilungspflicht meinem Arbeitgeber gegenüber? Sollte ich evtl. meine Arbeitszeit reduzieren oder gar einen Tätigkeitswechsel in Betracht ziehen? An wen kann ich mich mit meinen Fragen wenden?

Vielleicht zögern Sie noch, einen Antrag auf Anerkennung als schwerbehinderter Mensch zu stellen, weil Sie z. B. Nachteile bei der Suche nach einem Arbeitsplatz oder an Ihrem derzeitigen Arbeitsplatz befürchten.

Nachfolgende Informationen mögen Ihnen Ihren Berufsalltag erleichtern und mögliche Missverständnisse bestmöglich vermeiden bzw. auszuräumen helfen. Sie können und sollen eine individuelle Beratung allerdings nicht ersetzen.

Ihre

Im September 2016.

Vorwort zur Neuauflage

Die Ihrerseits bereits ersehnte und meinerseits komplett überarbeitete Neuauflage berücksichtigt in gewohnter Zuverlässigkeit und Präzision Ihre Fragen und die Entwicklungen in Gesetzgebung und Rechtsprechung bis März 2025 mit vielen Verknüpfungen in Bereiche des Sozialrechts und bringt Sie damit auf den aktuellen Stand.

Überzeugen Sie sich selbst und gestalten Sie Ihr Arbeitsleben passgenau!

Ich wünsche Ihnen eine erkenntnisreiche Lektüre.

Marianne Moldenhauer, im März 2025.

Auf geht's!

Wer auf morgen wartet,
wird übermorgen erkennen,
dass er heute versäumt hat,
das Notwendige zu tun.

Walter Scheffel

Inhaltsübersicht

Anhänge

I. Diagnose: Multiple Sklerose (MS)

Multiple Sklerose (MS) ist eine chronisch-entzündliche Erkrankung des zentralen Nervensystems (Gehirn und Rückenmark
oder am Sehnerv als ein Teil des Gehirns), von der in Deutschland vermutlich mehr als 280.000 Menschen betroffen sind.
Das häufigste Erkrankungsalter liegt zwischen dem 20. und
dem 40. Lebensjahr; inzwischen liegt das Verhältnis von
Frauen zu Männern bei etwa drei zu eins.

Gesunde Nervenbahnen sind – einem Kabel vergleichbar –
von einer Isolierschicht umhüllt und geschützt, die als Myelin
bezeichnet wird. Bei dieser sogenannten Myelinschicht (auch
Markscheide oder Nervenscheide genannt) handelt es sich
um eine Schicht aus Fett und Eiweiß.

Bei der MS wird diese Schicht aufgrund einer Fehlreaktion des
Immunsystems angegriffen oder zerstört, so dass die einzelnen
Nervensignale nur noch verlangsamt bzw. überhaupt nicht
mehr weitergegeben werden können. Auch ganze Nervenbahnen können davon betroffen sein. Man spricht hierbei
von einer sogenannten Demyelinisation (= Entmarkung) der
Axonen (= Nervenfasern), die an ganz unterschiedlichen
(„multiplen") Stellen auftreten kann und zur Entstehung einer
verhärteten (sklero [griech.] = hart), narbenartigen Gewebe-
schicht führt. Dieses Gewebe ist nicht mehr imstande, die
elektrischen Nervensignale weiterzuleiten.

Da die Vernarbungen bei jedem Erkrankten anders auftreten,
sind auch die Beschwerdebilder ganz unterschiedlich („1.000
Gesichter der MS", „MS – das Chamäleon der neurologischen
Erkrankungen"). Sie äußern sich z. B. in Seh-, Sprach-, Bewe-
gungs-, Gleichgewichts- und Koordinationsstörungen, Blasen-
und Darmstörungen, extremer Müdigkeit und Energielosigkeit,
Taubheitsgefühlen, spastischer Versteifung und Lähmung sowie auch kognitiven Störungen.

Bei der MS geht man von drei grundsätzlich zu unterscheidenden Krankheitsverläufen aus: Bei einer schubförmigen MS (Erscheinungshäufigkeit ca. 40 %) treten ein oder mehrere neurologische Symptome nur kurzzeitig auf, d. h. sie klingen bereits nach wenigen Tagen wieder (fast) vollständig ab. Bei einem sekundär-fortschreitenden Krankheitsverlauf (Erscheinungshäufigkeit ebenfalls ca. 40 %) entwickelt ein Großteil der Patienten mit einer schubförmigen MS in einem Zeitraum von zehn bis 15 Jahren kontinuierlich zunehmende Beeinträchtigungen. Im Unterschied dazu ist die primär fortschreitende Verlaufsform, bei der sich die auftretenden neurologischen Symptome nicht mehr zurückbilden, eher selten. Es treten auch Mischformen dieser Grundformen der Erkrankung auf.

II. MS und Behinderung

MS-bedingte Beschwerden können zu bleibenden Behinderungen führen. Es ist damit allerdings **keineswegs so, dass an MS Erkrankte per se** als **schwerbehinderte Menschen** gelten.

In Anlehnung an die UN-Behindertenrechtskonvention, UN-BRK (bereits seit dem 26. März 2009 geltendes deutsches Recht) definiert das Gesetz den **Behindertenbegriff** mit Inkrafttreten der 2. Reformstufe des Bundesteilhabegesetzes (BTHG) in § 2 Absatz 1 des Sozialgesetzbuches (SGB) Neuntes Buch – Rehabilitation und Teilhabe von Menschen mit Behinderungen (IX) seit dem 1. Januar 2018 wie folgt:

„Menschen mit Behinderungen sind Menschen, die körperliche, seelische, geistige oder Sinnesbeeinträchtigungen haben, die sie in Wechselwirkung mit einstellungs- und umweltbedingten Barrieren an der gleichberechtigten Teilhabe an der Gesellschaft mit hoher Wahrscheinlichkeit länger als sechs Monate hindern können. Eine Beeinträchtigung nach Satz 1 liegt vor, wenn der Körper- und Gesundheitszustand von dem für das Lebensalter typischen Zustand abweicht. Menschen sind von Behinderung bedroht, wenn eine Beeinträchtigung nach Satz 1 zu erwarten ist."

Neben den Voraussetzungen:

- körperliche, seelische, geistige oder *(nun auch ausdrücklich)* **Sinnesbeeinträchtigungen,**
- die **untypisch für das Alter** sind **und**
- mit hoher Wahrscheinlichkeit **länger als sechs Monate** andauern,

muss auch die Wechselwirkung der Person und Umwelt betrachtet werden.

Behinderung wird nicht mehr als Eigenschaft und Defizit einer Person begriffen, sondern im Zusammenspiel mit gesellschaftlichen Kontextfaktoren sowie mit den Interessen und Wünschen des betroffenen Menschen betrachtet. Behinderung entsteht dadurch, dass ein Mensch mit einer langfristigen körperlichen, seelischen, geistigen oder Sinnesbeeinträchtigung auf materielle oder soziale Barrieren in seiner Umwelt stößt.

HINWEIS: Die Begriffsbestimmung rückt somit das Ziel der Teilhabe an den verschiedenen Lebensbereichen („am normalen Leben") in den Vordergrund.

Die Feststellung der Behinderung richtet sich nach den bundesweit einheitlichen **Versorgungsmedizinischen Grundsätzen (VMG)**[1].
Diese bestehen zu einem wesentlichen Teil aus einer Liste von medizinischen Befunden und Grunderkrankungen, denen abhängig von Auswirkungen und Schwere der Beeinträchtigungen ein sog. Anhaltswert für den **Grad der Behinderung (GdB)** oder Grad der Schädigungsfolgen (GdS)[2] zugewiesen wird.

---

[1] Versorgungsmedizin-Verordnung – VersMedV – Versorgungsmedizinische Grundsätze, vom 10. Dezember 2008, BGBl. 2008, Teil 1 Nr. 57, S. 2.412 ff., die zuletzt durch Artikel 2 der Verordnung vom 19. Juni 2023 (BGBl. 2023 I Nr. 158) geändert worden ist.
[2] Der Begriff Grad der Schädigungsfolgen (GdS) findet Anwendung im sozialen Entschädigungsrecht und im Rahmen der gesetzlichen Unfallversicherung. Beide Begriffe unterscheiden sich lediglich dadurch, dass der GdS nur auf die Schädigungsfolgen bezogen ist

Der GdB ist dabei unabhängig vom angestrebten oder ausgeübten Beruf und steht in keiner Beziehung zur Leistungsfähigkeit am Arbeitsplatz.

Bei **Multipler Sklerose** richtet sich der GdB „*vor allem nach den zerebralen und spinalen Ausfallerscheinungen. Zusätzlich ist die aus dem klinischen Verlauf sich ergebende Krankheitsaktivität zu berücksichtigen.*"[3]

WICHTIG: **Entscheidend** für die Feststellung des GdB **ist** nicht die getroffene Diagnose, sondern allein **das Ausmaß der festgestellten Funktionsbeeinträchtigungen.**

Der **GdB** wird jeweils **in Zehnergraden** von 20 bis maximal 100 angegeben, § 152 Absatz 1 Satz 5 SGB IX.

Liegen neben der MS-Erkrankung weitere Gesundheitsstörungen und Funktionsbeeinträchtigungen vor, wird der GdB nach den Auswirkungen der Beeinträchtigungen in ihrer Gesamtheit unter Berücksichtigung ihrer wechselseitigen Beziehungen festgestellt. Dabei können die Auswirkungen der einzelnen Beeinträchtigungen ineinander aufgehen (sich sozusagen decken), sich überschneiden, sich verstärken oder beziehungslos nebeneinanderstehen.

Bei der **Gesamtwürdigung** werden außerdem die Auswirkungen mit denjenigen verglichen, für die in der GdB-Tabelle der Versorgungsmedizinischen Grundsätze feste Grade angegeben sind (Teil A Nr. 3 b).

Bei der Bemessung der Einzel-GdB und des Gesamt-GdB wird eine Gesamtschau vorgenommen, die auch berücksichtigt, wie weit die Beeinträchtigung(-en) die Teilhabe am Leben in der Gemeinschaft einschränkt/einschränken.

WICHTIG: Die **Gesamtbeurteilung** erfolgt also nicht durch

(kausal) und der GdB auf alle Gesundheitsstörungen unabhängig von ihrer Ursache (final).

[3] VersMedV, Teil B, GdS-Tabelle, 3.10.

Leichte Gesundheitsstörungen, die nur einen GdB von 10 bedingen, führen regelmäßig nicht zu Erhöhung des Gesamt-GdB. Dieses in den Teil A Nr. 3 d) ee) VersMedV enthaltene **Erhöhungsverbot** gilt, auch wenn mehrere mit einem Einzelwert von 10 beurteilte (leichte) Funktionsbeeinträchtigungen unabhängig voneinander verschiedene Lebensbereiche betreffen.[4]

Die auf diese Weise ermittelte Schwere der Behinderung führt auf **Antrag** (siehe S. 19 ff. und Anhang 6, S. 123 ff.) **ab einem (Gesamt-)Behinderungsgrad von wenigstens 50 zur Feststellung der Schwerbehinderung** und zur **Möglichkeit der Ausstellung eines Schwerbehindertenausweises, denn** nach § 2 Absatz 2 SGB IX gilt unverändert:

„Menschen sind im Sinne des Teils 3 (SGB IX) schwerbehindert, wenn bei ihnen ein Grad der Behinderung von wenigstens 50 vorliegt und sie ihren Wohnsitz, ihren gewöhnlichen Aufenthalt oder ihre Beschäftigung auf einem Arbeitsplatz im Sinne des § 156 rechtmäßig im Geltungsbereich dieses Gesetzbuches haben."

Zur Inanspruchnahme von Rechten und Nachteilsausgleichen wird eine Feststellung regelmäßig nur getroffen, wenn ein GdB von wenigstens 20 vorliegt[5] und es wird dann eine **Bescheinigung** (siehe § 65 Absatz 1 Nr. 2 Einkommensteuer-Durchführungsverordnung [EStDV], z. B. für die Beanspruchung eines Einkommensteuerfreibetrages[6]) ausgestellt.

---

[4] vgl. Bundessozialgericht, Urteil vom 16. Dezember 2021, Az. B 9 SB 6/19 R, juris, Rn. 40; Bundessozialgericht, Beschluss vom 30. Juni 2021, Az. B 9 SB 69/20 B, juris, Rn. 7 mit weiteren Nennungen.

[5] Siehe hierzu § 152 Absatz 1 Satz 6 SGB IX.

[6] Bei der erstmaligen Beantragung des Pauschbetrages, müssen der Nachweis über den Grad der Behinderung der Einkommensteuer-

Es können zudem **gesundheitliche Merkmale**, sog. **Merkzeichen**[7], für die Inanspruchnahme besonderer sog. **Nachteilsausgleiche**[8] festgestellt werden.

Nach ausdrücklicher gesetzlicher Anordnung „soll" die **Gültigkeitsdauer** des Ausweises befristet werden (§ 152 Absatz 5 Satz 3 SGB IX). Ein **unbefristeter Ausweis soll** die **Ausnahme bleiben.**[9]

Im Allgemeinen wird der Schwerbehindertenausweis zunächst für eine Dauer von längstens **fünf Jahren ausgestellt.**

In Fällen, in denen eine Neufeststellung wegen einer wesentlichen Änderung in den gesundheitlichen Verhältnissen, die für die Feststellung maßgebend gewesen sind, nicht zu erwarten ist (bei lebenslanger Behinderung), kann der Ausweis auch sofort unbefristet ausgestellt werden.

Eine **Verlängerung** des bisherigen Ausweises ist nur möglich, wenn es sich um einen Ausweis im alten Format handelt und hier noch ein Verlängerungsfeld frei ist. Alternativ kann die Ausstellung eines neuen Ausweises im Scheckkartenformat beantragt werden. Dies sollte am besten **etwa drei Monate vor Ablauf** der Gültigkeitsdauer des Ausweises geschehen.

HINWEIS: Das Antragsverfahren und das Verlängerungsverfahren sind zwei getrennt voneinander zu betrachtende Verfahren.

Die Gültigkeit des Ausweises wird ohne Änderungen auf Antrag verlängert bzw. ein neuer Ausweis ausgestellt, wenn die grundlegenden Voraussetzungen rechtlich Bestand haben.

---

erklärung beigefügt werden. In den Folgejahren ist ein Nachweis lediglich dann vorzulegen, wenn sich Änderungen ergeben haben oder ein abgelaufener Nachweis durch einen neuen ersetzt wurde.

[7] Zu den Merkzeichen und Nachteilausgleichen, siehe Anhang 3, S. 112 ff.

[8] = Schutzrechte und Unterstützungsangebote.

[9] Landessozialgericht Thüringen, Urteil vom 14. Oktober 2021, Az. L 5 SB 1259/19.

III. Die arbeitsrechtliche Situation von schwerbehinderten und ihnen rechtlich gleichgestellten Beschäftigten

Für schwerbehinderte und ihnen gleichgestellte Beschäftigte finden sich im SGB IX zahlreiche besondere Vorschriften. **Sie dürfen auch im Arbeitsleben nicht wegen ihrer Behinderung benachteiligt werden.**
Besondere Bedeutung haben dabei neben dem besonderen Kündigungsschutz, Einstellungs- und Beschäftigungsanreizen für Arbeitgeber, der Anspruch auf eine behindertengerechte Ausgestaltung und Unterhaltung des Arbeitsplatzes, die Betreuung durch spezielle Fachdienste sowie nur für schwerbehinderte **Arbeitnehmer**[10] das Recht auf den Zusatzurlaub, ggf. zur unentgeltlichen Beförderung im Öffentlichen Personennahverkehr (Stichwort: Merkzeichen), zur vorgezogenen Altersrente bzw. Pensionierung von **Beamten**.

1. Grad der Behinderung (GdB)

a. (Schwer-)Behinderung

Die **Feststellung der Behinderung** erfolgt **auf Antrag**[11] durch die Versorgungsämter oder die nach Landesrecht zuständigen Versorgungsverwaltungen[12].

Die **Zuständigkeit** ergibt sich nach dem Wohnsitz bzw. dem gewöhnlichen Aufenthaltsort des Antragstellers.

Nach der Auswertung der im Rahmen des **Amtsermittlungsprinzips** (*Untersuchungsgrundsatz*, § 20 Absatz 1 Sozialgesetzbuch [SGB] Zehntes Buch (X) - Sozialverwaltungsverfahren und Sozialdatenschutz) beigezogenen Befundunterlagen durch den **Versorgungsärztlichen Dienst** erteilt das Versorgungsamt

---

[10] Die Legaldefinition des Arbeitsvertrags und damit auch des Arbeitnehmers findet sich in § 611a Bürgerliches Gesetzbuch (BGB).
[11] Näheres zum Verwaltungsverfahren siehe Anhang 6, S. 123 ff.
[12] Siehe hierzu näher Anhang 6, S. 123 ff.

einen **Feststellungsbescheid**. Aus ihm geht der **GdB**, die **Bezeichnung der anerkannten und nicht anerkannten Behinderungen** und ggf. die **Geltungsdauer** hervor.

HINWEIS: Es empfiehlt sich ausdrücklich, bereits **VOR der beabsichtigten Antragstellung mit den behandelnden (Fach-)Ärzten in Kontakt** zu **treten**, um diese zu sensibilisieren, den Behandlungsverlauf sowie die jeweiligen Funktionsbeeinträchtigungen zu beschreiben. Dabei verleiht die Darlegung objektivierbarer, medizinischer Messdaten und Parameter (z. B. Bewegungseinschränkungen, Elektroenzephalographie [EEG], Ableitung visuell evozierter Potenziale [VEP], Laborbefunde) einem Befundbericht hohe Aussagekraft.

TIPP: Nehmen Sie sich unbedingt genügend Zeit zum Ausfüllen des Antragsformulars und machen Sie eine **Kopie** vom Antrag **für die eigenen Unterlagen**, damit sie immer wissen, was sie wann und unter welchen Voraussetzungen beantragt haben.

Maßgeblich für die **Feststellung der Schwerbehinderung** ist, ab welchem **Zeitpunkt** nach den medizinischen Befundunterlagen eine **Behinderung mit einem GdB von 50** oder höher tatsächlich vorgelegen hat.

Dies **kann das Antragsdatum sein, muss es aber nicht.**

HINWEIS: Die Feststellung des GdB kann auf einen früheren Zeitpunkt festgelegt werden, zu dem die Behinderung bereits bestanden hat, wenn es dafür einen **besonderen Grund** gibt (§ 152 Absatz 1 S. 2 SGB IX). Dies ist vor allem dann der Fall, wenn es um die rückwirkende Gewährung von Nachteilsausgleichen[13] geht.

---

[13] Übersicht über Nachteilsausgleiche siehe Anhang 3, S. 112 ff.

Die behördliche Feststellung ist wichtig, weil der behinderte Mensch seine Behinderteneigenschaft im Lebensalltag regelmäßig nachweisen muss und er diesen **Nachweis** in der Regel nur durch den schriftlichen **Feststellungsbescheid** oder den **Schwerbehindertenausweis** führen kann.

Liegt der festgestellte GdB unter dem erwarteten Wert, ist zu überlegen fristgerecht **Widerspruch** gegen den Bescheid einzulegen.[14] Jeder Bescheid ist mit einer **Rechtsbehelfsbelehrung** versehen. Hierbei handelt es sich um die Belehrung darüber, ob und wie eine behördliche oder gerichtliche Entscheidung durch einen **Rechtsbehelf** angegriffen werden kann.

b. GdB unter 50, aber mindestens 30

Nach § 2 des SGB IX können Personen mit einem GdB von weniger als 50, aber mindestens 30, von der **Agentur für Arbeit** schwerbehinderten Menschen gleichgestellt werden, wenn sie infolge der Behinderung ohne die Gleichstellung keinen geeigneten Arbeitsplatz erlangen oder behalten können.

Bei der Gleichstellung sind also **zwei Alternativen** zu unterscheiden:

- Die **Gleichstellung zur Erlangung eines geeigneten Arbeitsplatzes**[15] und

- die **Gleichstellung zum Erhalt des Arbeitsplatzes.**

Beide Alternativen können auch gleichzeitig vorliegen, und

---

[14] Muster, siehe hierzu Anhang 6, S. 127 f.

[15] Geeignete Arbeitsplätze im Sinne des § 156 SGB IX sind nur solche Stellen auf denen Auszubildende, Arbeitnehmer, Richter, Beamte sowie andere zu ihrer beruflichen Bildung Eingestellte für länger als acht Wochen und mindestens mit der Hälfte der Regelarbeitszeit (mindestens 18 Wochenstunden) beschäftigt werden. Im Blickpunkt steht nicht der konkrete Arbeitsplatz, sondern die behinderungsbedingte mangelnde Konkurrenzfähigkeit auf dem Arbeitsmarkt, vgl. Bundessozialgericht, Urteil vom 2. März 2000, Az. B 7 AL 46/99 R.

zwar dann, wenn der behinderte Beschäftigte einen Arbeitsplatz innehat und zudem auf der Suche nach einem neuen Arbeitsplatz ist.

➤ Bei der **Gleichstellung zur Erlangung eines Arbeitsplatzes** ist es nicht erforderlich, dass ein konkret in Aussicht genommener Arbeitsplatz tatsächlich zur Verfügung steht. Die Nichterlangung eines Beschäftigungsverhältnisses muss allerdings überwiegend auf die Behinderung zurückzuführen sein und mit der Gleichstellung müssen die Vermittlungsaussichten verbessert werden können.

➤ Eine **Gefährdung des Arbeitsplatzes** oder eine **geringere Konkurrenzfähigkeit** von behinderten Beschäftigten auf dem Arbeitsmarkt liegen vor, wenn sich beispielsweise die Arbeitsleistung aufgrund der Behinderung verändert *(z. B. durch langsameres Arbeiten, schlechtere Arbeitsergebnisse, Unkonzentriertheit, Unpünktlichkeit, häufigere Fehlzeiten, Verhaltensauffälligkeiten oder ein dauerhaftes Angewiesensein auf Hilfeleistungen anderer Mitarbeiter)* und der Arbeitgeber hierauf reagiert *(z. B. durch Einschaltung Personalvertretungen, Abmahnungen, Personalgespräche, Einschaltung Betriebsarzt, Überlegungen in Richtung Arbeitsplatzhilfen und -umgestaltungen, Umsetzungen, Kündigungsandrohung oder Kündigung)*.

> **HINWEIS:** Eine Arbeitsplatzgefährdung liegt somit nicht erst dann vor, wenn eine Kündigung bereits konkret droht oder gar ausgesprochen worden ist.[16]

In § 156 Absatz 1 SGB IX ist der **Begriff des Arbeitsplatzes** definiert. Hiernach muss die **wöchentliche Arbeitszeit mindestens 18 Stunden** umfassen.

Der **Antrag auf Gleichstellung** kann direkt bei der Agentur für

---

[16] Bundessozialgericht, Urteil vom 6. August 2014, Az. B 11 AL 16/13 R.

Arbeit, in deren Bezirk der behinderte Mensch seinen Wohnsitz oder Aufenthalt hat oder bei Grenzgängern die Beschäftigungsstelle liegt, **formlos** (d. h. mündlich*, telefonisch*, schriftlich* oder auch online[17]) gestellt werden.

*Der Antragsteller erhält dann ein Formular zum Ausfüllen.

Damit der Antrag Erfolg hat, ist er zu **begründen**. Dabei ist die Darlegung, inwiefern sich die Behinderung auf die konkrete Tätigkeit auswirkt und inwiefern der Arbeitsplatz infolge der Behinderung gefährdet ist, besonders wichtig.

> **HINWEIS:** Der Antrag **kann** auch **parallel zum Antrag zur Feststellung des GdB** (§ 152 SGB IX) **gestellt werden**.[18]

Möchte der Arbeitnehmer seinen aktuellen Arbeitsplatz absichern, ist es zur Aufklärung des Sachverhalts und der Entscheidung über den Antrag erforderlich, den Arbeitgeber und – soweit vorhanden – die in § 176 SGB IX benannten Stellen (z. B. Betriebs- oder Personalrat) sowie die Schwerbehindertenvertretung einzubinden und schriftlich zu befragen.

> **HINWEIS:** Die **Befragung** erfolgt nur, wenn der Antragsteller hierzu seine **Einwilligung** gegeben hat.

Hat der Antragsteller eine Befragung des Arbeitgebers ausgeschlossen, sich jedoch mit der Befragung des vorhandenen Betriebsrates und – soweit vorhanden – der Schwerbehindertenvertretung einverstanden erklärt, darf die Agentur für Arbeit den Antrag nicht ohne weitere Ermittlungen wegen einer fehlenden Mitwirkung ablehnen[19].

Über Anträge auf Gleichstellung entscheidet die Agentur für

---

[17] Bei elektronischer Antragstellung über: https://www.arbeitsagentur.de ist eine Unterschrift nicht erforderlich, wenn Sie ihn per Upload-Service übermitteln.

[18] Urteil vom 31. Juli 2014 - 2 AZR 434/13, Juris, Rn. 52.

[19] Landessozialgericht Rheinland-Pfalz, Urteil vom 24. September 2009 – L 1 AL 59/08.

Arbeit im **pflichtgemäßen Ermessen**, wobei die Gleichstellung bei Vorliegen der tatbestandlichen Voraussetzungen (Behalten oder Erlangen eines geeigneten Arbeitsplatzes) auszusprechen ist[20].

Die **Entscheidung** ergeht schriftlich und ist mit einer **Rechtsbehelfsbelehrung** (siehe hierzu bereits S. 21) versehen.

Allgemeiner Stellenabbau begründet keine Gleichstellung.

Zwischen der Behinderung und der Erforderlichkeit der Gleichstellung muss ein **Ursachenzusammenhang** bestehen.[21] Um diesen annehmen zu können, ist keine absolute Sicherheit im Sinne eines Vollbeweises erforderlich. Es reicht aus, dass der Arbeitsplatz durch die Gleichstellung mit **hinreichender Wahrscheinlichkeit** sicherer gemacht werden kann.

HINWEIS:	Eine **Sonderregelung gilt für Jugendliche und junge Erwachsene mit festgestellter Behinderung**, die eine Ausbildung oder eine Orientierungsmaßnahme durchlaufen. Sie sind schwerbehinderten Menschen **automatisch gleichgestellt**, auch wenn ihr GdB unter 30 liegt oder noch gar nicht festgestellt ist (§ 151 Absatz 4 SGB IX).
	Als Nachweis der Gleichstellung kann eine Stellungnahme bei der Agentur für Arbeit beantragt werden. Der Nachweis kann aber auch durch einen Bescheid über Leistungen zur Teilhabe am Arbeitsleben erbracht werden.
	Die Gleichstellung soll es ihnen ermöglichen, einen Ausbildungs- oder Maßnahmenplatz zu finden oder Nachteilsausgleiche in Anspruch zu nehmen.

---

[20] Vgl. Hessisches Landessozialgericht, Urteil vom 19. Juni 2013, Az. L 6 AL 116/12.
[21] Vgl. Bundessozialgericht, Urteil vom 6. August 2014, Az. B 11 AL 16/13 R.

Bei **Beschäftigten mit besonderem Kündigungsschutz** und bei **Beamten** sind die Voraussetzungen für eine Gleichstellung zwar **oftmals nicht erfüllt**, es ist **jedoch in beiden Fällen möglich**, eine Gleichstellung zu begründen und zu erlangen.

- Bei Beschäftigten mit besonderem Kündigungsschutz z. B. um eine drohende Um- bzw. Versetzung auf einen anderen, nicht gleichwertigen Arbeitsplatz oder einen der Behinderung nicht angemessenen Arbeitsplatz abzuwehren. Weiter aber auch um die Rechte aus § 164 SGB IX in Anspruch nehmen zu können, sofern diese zur Sicherung/zum Erhalt des Arbeitsverhältnisses beitragen.

- Die gleichen Gründe gelten zur Erlangung einer Gleichstellung bei Beamten[22].

Wenn jemand **arbeitslos** ist, ein GdB von 30 oder 40 festgestellt worden ist **und konkrete Anhaltspunkte** dafür vorliegen, dass eine Gleichstellung notwendig ist, um einen Arbeitsplatz zu bekommen, muss die Agentur für Arbeit ebenfalls gleichstellen. Ein konkretes **Arbeitsplatzangebot** muss hierfür noch nicht vorliegen.

WICHTIG: Gleichgestellte Arbeitnehmer werden - *abgesehen vom Zusatzurlaub* - arbeitsrechtlich wie schwerbehinderte Arbeitnehmer behandelt.

Damit gelten für sie dieselben Bestimmungen, z. B.:
- besonderer Kündigungsschutz
- Hilfen zur Arbeitsplatzausstattung
- Betreuung durch spezielle Fachdienste
- Beschäftigungsanreize für Arbeitgeber (wie z. B. Lohnkostenzuschüsse)

Die Gleichstellung wird **mit dem Tag des Antragseingangs** bei der Agentur für Arbeit **wirksam**, § 151 Absatz 2 Satz 2 SGB IX.

---

[22] Vgl. hierzu Bundessozialgericht, Urteile vom 1. März 2011, Az. B 7 AL 6/10 R und vom 6. August 2014, Az. B 11 AL 5/14 R.

Die **Rückwirkung** der Gleichstellung für die Zeit ab dem Tag der Antragstellung setzt allerdings voraus, dass die Rechts- und Sachlage bereits zu diesem Zeitpunkt eine Gleichstellung rechtfertigte und in der Folgezeit die Voraussetzungen für eine Gleichstellung nicht entfallen sind.[23]

Die Gleichstellung kann **befristet** (§ 151 Absatz 2 Satz 3 SGB IX) oder **unbefristet** ausgesprochen werden.

HINWEIS: Die Gleichstellung kann **nicht auf einen bestimmten Arbeitgeber beschränkt** werden.

c. Änderungs-/Verschlimmerungsantrag

Da sich der Gesundheitszustand von an MS erkrankten Beschäftigten in der Folgezeit verschlimmern kann *(, aber nicht zwingend muss!)*, ist zudem ein Antrag auf Änderung/Neufeststellung einer Behinderung beim Versorgungsamt möglich.

Ob eine **„wesentliche Änderung"** eintreten ist, wird anhand eines Vergleiches zwischen den objektiven Verhältnissen im Zeitpunkt des Erlasses der bindend gewordenen letzten per Bescheid getroffenen Feststellung und dem Zustand im Zeitpunkt der Neufeststellung ermittelt.

Dabei wird der komplette Gesundheitszustand des an MS erkrankten Menschen unter die Lupe genommen und neu bewertet, was im Ergebnis auch zu einer **Herabstufung des Behinderungsgrades**, die Entziehung von Merkzeichen und sogar der Wegfall der Schwerbehinderteneigenschaft führen kann.

Einer Herabsetzung muss immer eine behördliche **Anhörung** vorausgehen. Erst nach danach kann das Versorgungsamt einen entsprechenden Bescheid erlassen.

HINWEIS: Anders als die Feststellung oder Erhöhung eines

---

[23] Siehe Bundessozialgericht, Urteil vom 2. März 2000, Az. B 7 AL 46/99 R.

GdB ist dessen **Herabsetzung nicht rückwirkend möglich.**[24]

Eine Herabsetzung muss man zudem nicht widerspruchslos hinnehmen[25].

Erst wenn die Herabsetzung des GdB unanfechtbar geworden und damit möglicherweise der gesetzliche Schutz für schwerbehinderte Menschen erloschen ist, wird der Ausweis eingezogen.[26] Nach § 199 Absatz 1 SGB IX endet die **Schutzfrist drei Monate nach Ablauf des Ausweises**.

TIPP: Einen Änderungs-/Verschlimmerungsantrag sollten Sie nur stellen, wenn Sie auf Grundlage der aktuellen Versorgungsmedizin-Verordnung eine höhere Bewertung des Gesamt-GdB oder ein bisher nicht zuerkanntes Merkzeichen erwarten können und Ihnen dies spürbare Erleichterungen im Alltag bringt.

Machen Sie sich zunächst Gedanken darüber, welches Ziel Sie mit Ihrem Antrag verfolgen (Was bringt mir eine Heraufsetzung des GdB konkret? Welche Nachteilsausgleiche bringt das in den Fokus genommene Merkzeichen für mich?).

Sie sollten auch Ihre Befundunterlagen, die für den bisher festgestellten GdB maßgeblich waren, durchsehen und unbedingt Rücksprache mit den Sie behandelnden Ärzten und Therapeuten halten.

Da der überwiegende Teil des Antrags auf Basis der Berichte entschieden wird, sollten Sie detailliert darlegen können, auf welche Weise und in welchem

---

[24] Landessozialgericht Nordrhein-Westfalen, Urteil vom 22. Februar 2024, Az. L 6 SB 160/23.
[25] Zum Verwaltungsverfahren siehe Anhang 6, S. 123 ff.
[26] Vgl. Landessozialgericht Nordrhein-Westfalen, Beschluss vom 24. April 2020, Az. L 13 SB 74/20 B ER.

Ausmaß Einschränkungen bestehen und wie sich Ihre Situation verschlechtert hat. Daher kommen auf Sie evtl. noch einige Arztbesuche und neue, eingehende Untersuchungen zu.

In zahlreichen Fällen macht ein Verschlimmerungsantrag keinen Sinn, deshalb empfiehlt es sich, noch **vor Antragstellung** auf fachkundige und unabhängige **Beratung** zurückzugreifen.

HINWEIS: Steht der an MS erkrankte Mensch bereits **kurz vor der Altersrente für Schwerbehinderte** ist es regelmäßig ratsam, mit dem Verschlimmerungsantrag so lange zu warten, bis der Renteneintritt erfolgt ist. Denn nach erfolgter Berentung hat eine Änderung des GdB im Sinne einer Herabsetzung keine Auswirkungen mehr auf die Rentengewährung.

2. Zusatzurlaub

Schwerbehinderte Arbeitnehmer (also Arbeitnehmer mit einem GdB ab 50 und nur diese!) haben Anspruch auf **bezahlten zusätzlichen Urlaub** von **fünf Arbeitstagen** im **Urlaubsjahr**[27]; verteilt sich die regelmäßige Arbeitszeit des schwerbehinderten Arbeitnehmers auf mehr oder weniger als 5 Arbeitstage in der Woche, erhöht oder vermindert sich der Zusatzurlaub entsprechend, § 208 Absatz 1 Satz 1 SGB IX.

- Bei vier Arbeitstagen in der Woche stehen dem Beschäftigten also auch nur vier Tage Zusatzurlaub zu.

- Verteilt sich die Wochenarbeitszeit dagegen auf sechs Tage, beträgt der Zusatzurlaub ebenfalls sechs Tage.

Die **Urlaubsdauer** ist dabei stets auf **eine Arbeitswoche begrenzt**.

---

[27] Urlaubsjahr = das laufende Kalenderjahr.

Dass eine Schwerbehinderung vorliegt, muss der Beschäftigte dem Arbeitgeber durch Vorlage des Schwerbehindertenausweises nachweisen.

Stellt das Versorgungsamt die Schwerbehinderteneigenschaft erst rückwirkend fest, entsteht ein **rückwirkender Anspruch auf Zusatzurlaub**, und zwar höchstens für das abgelaufene letzte Kalenderjahr.

HINWEIS:	Da Anspruch auf Zusatzurlaub bereits vom Zeitpunkt der Schwerbehinderung an und nicht erst nach behördlicher Feststellung besteht, muss der Arbeitgeber ab Kenntniserlangung vom Anerkennungsverfahren damit rechnen, Ansprüchen seines Arbeitnehmers auf Zusatzurlaub ausgesetzt zu sein, und kann sein weiteres Verhalten darauf ausrichten.
	Der Arbeitnehmer kann seinen (ggf. anteiligen) Anspruch auf Zusatzurlaub wiederum dadurch sichern, dass er sich schon vor der behördlichen Feststellung auf seine Schwerbehinderung beruft[28].

---

[28] vgl. Bundesarbeitsgericht, Urteil vom 26. Juni 1986, Az. 8 AZR 266/84, zu I 2 a bis c der Gründe, BAGE 52, 258. Bezweifelt der Arbeitgeber das Vorliegen einer Schwerbehinderung und möchte er deshalb zunächst den Ausgang des Anerkennungsverfahrens abwarten, trägt er das Risiko, den Zusatzurlaubsanspruch auch noch nach Ablauf des Urlaubsjahrs gewähren zu müssen. Bestätigt sich mit der rückwirkenden Feststellung der Schwerbehinderung die Auffassung des Arbeitnehmers, als schwerbehinderter Mensch im Sinne des § 2 Absatz 2 SGB IX nach § 208 Absatz 1 Satz 1 SGB IX anspruchsberechtigt zu sein, besteht der Zusatzurlaubsanspruch fort. Er konnte nicht verfallen, weil der Arbeitgeber es unterlassen hat, den Arbeitnehmer durch seine Mitwirkung in die Lage zu versetzen, den Zusatzurlaub zu realisieren. Wenn der dem Arbeitgeber bekannte Antrag auf Anerkennung der Schwerbehinderung zunächst durch behördlichen Bescheid zurückgewiesen und die Schwerbehinderung

Dieser Urlaub muss dann im laufenden Kalenderjahr bis zum Ende des Übertragungszeitraums genommen werden, vergleiche auch § 7 Absatz 3 Bundesurlaubsgesetz (BUrlG).

Wie beim gesetzlichen Mindesturlaub setzt die Befristung des Zusatzurlaubs für Menschen mit Schwerbehinderung grundsätzlich voraus, dass der Arbeitgeber den Arbeitnehmer durch Erfüllung seiner Aufforderungs- und Hinweisobliegenheiten (*Initiativlast*) in die Lage versetzt hat, seinen Zusatzurlaub tatsächlich zu nehmen.

Dazu muss er den Arbeitnehmer auffordern, seinen Urlaub zu nehmen, und ihm klar und rechtzeitig mitteilen, dass der Urlaub mit Ablauf des Kalenderjahrs oder Übertragungszeitraums verfällt, wenn er ihn nicht rechtzeitig beantragt. Das setzt wiederum voraus, dass der Arbeitgeber von der Schwerbehinderung oder einem laufenden Antragsverfahren weiß, sofern nicht eine offenkundige Schwerbehinderung vorliegt.[29]

Der **Zusatzurlaub wird zum sog. Grundurlaub**[30] **addiert.**

Bei einer **Teilzeitbeschäftigung**[31] ist die Verteilung der Arbeitszeit auf die Wochentage maßgeblich für die Dauer des Zusatzurlaubs.

---

aufgrund eines vom Arbeitnehmer eingelegten Rechtsbehelfs oder Rechtsmittels später rückwirkend festgestellt wird, ergeben sich Besonderheiten, die hier allerdings ausdrücklich nicht vertieft werden.
[29] Vgl. hierzu Bundesarbeitsgericht, Urteil vom 26. April 2022, Az. 9 AZR 367/21.
[30] Der in § 3 Absatz 1 BUrlG geregelte Mindesturlaub beträgt mindestens 24 Arbeitstage, wobei das Gesetz von einer 6-Tage-Woche ausgeht. Hat ein Arbeitnehmer weniger Arbeitstage besteht ein entsprechend reduzierter gesetzlicher garantierter Mindesturlaub. Das Bundesurlaubsgesetz gilt für Teilzeit- wie auch für geringfügig Beschäftigte. Wochenarbeitstage sind dabei alle Kalendertage, die nicht Sonn- oder gesetzliche Feiertage sind.
[31] Teilzeitbeschäftigt ist ein Arbeitnehmer, dessen regelmäßige wöchentliche Arbeitszeit kürzer ist als die eines vergleichbaren vollzeitbeschäftigten Betriebsangehörigen.

Bei **Eintritt** oder **Wegfall der Schwerbehinderteneigenschaft im Verlauf eines Kalenderjahres** besteht der **Anspruch** auf Zusatzurlaub nur **anteilig**.

Dabei hat der schwerbehinderte Arbeitnehmer für jeden vollen Kalendermonat der im Beschäftigungsverhältnis vorliegenden Schwerbehinderteneigenschaft einen Anspruch auf 1/12 des Zusatzurlaubs[32].

Errechnen sich **Bruchteile** von Urlaubstagen von mindestens einen halben Tag, sind diese auf einen ganzen Tag aufzurunden.

§ 208 Absatz 1 Satz 1 SGB IX legt Grund und Dauer des Zusatzurlaubs fest, nicht aber dessen zeitliche Lage.[33]

Schwerbehinderte Lehrer haben den Zusatzurlaub aber in den Schulferien zu nehmen und sind von evtl. stattfindenden schulischen Veranstaltungen während der unterrichtsfreien Zeit (Schulferien) freizustellen (folgt aus der Eigenart des obliegenden Dienstes). Entsprechendes gilt für **Hochschullehrer** während der vorlesungsfreien Zeit (Semesterferien)[34].

Bei der Übertragung des Urlaubs in das nächste Kalenderjahr kommen die dem Beschäftigungsverhältnis zugrundeliegenden urlaubsrechtlichen Regelungen zur Anwendung.

Tarifliche, betriebliche oder sonstige **Urlaubsregelungen** können für schwerbehinderte Menschen auch einen längeren

---

[32] Die in der Vergangenheit wegen der anderen Formulierung aufgestellten und von der Rechtsprechung bestätigten Grundsätze, dass der schwerbehinderte Mensch, der während des gesamten Urlaubsjahres beschäftigt ist, den vollen Zusatzurlaub erhält, auch wenn seine Schwerbehinderung nur für einen Teil des Jahres besteht (Bundesarbeitsgericht, Urteil vom 21. Februar 1995, Az. 9 AZR 675/93), sind mit der Gesetzesänderung zum 1. Mai 2004 nicht mehr anwendbar.

[33] Bundesverwaltungsgericht, Beschluss vom 19. Juni 1985, Az. 2 B 3/84.

[34] Vgl. hierzu Bundesarbeitsgericht, Urteil vom 13. Februar 1996, Az. 9 AZR 79/95.

Zusatzurlaub vorsehen.

Der Anspruch auf Zusatzurlaub besteht, solange die Schwerbehinderteneigenschaft fortdauert.

Bei einer Herabstufung auf einen GdB von weniger als 50 besteht Anspruch auf Zusatzurlaub auf jeden Fall bis zum Ende des dritten Kalendermonats nach Eintritt der Unanfechtbarkeit des Bescheides, mit dem die Verringerung festgestellt wurde (§ 199 Absatz 1 SGB IX).

Wenn der Zusatzurlaub wegen Beendigung des Arbeitsverhältnisses nicht mehr gewährt werden kann, ist er finanziell abzugelten, § 7 Absatz 4 BUrlG.

3. Urlaubsansprüche und Langzeiterkrankung

Kann der Urlaub aufgrund lang andauernder Erkrankung im ganzen Urlaubsjahr und über den Übertragungszeitraum hinaus nicht genommen werden, reicht ein Blick ins Bundesurlaubsgesetz nicht aus, aber die von der Rechtsprechung des Europäischen Gerichtshofs (EuGH)[35] angestoßenen Urteile des Bundesarbeitsgerichts vom 20. Dezember 2022[36] und vom 31. Januar 2023[37] bringen Licht ins Dunkel.

a. Verjährung

Im Grundsatz gilt:

Urlaubsansprüche, die erst während einer langandauernden Krankheit entstehen, erlöschen nach der Rechtsprechung des Bundesarbeitsgerichts[38] mit Ablauf des 31.03. des **übernächsten** Jahres.

---

[35] EuGH-Urteile vom 22. September 2022, Rechtssachen C-120/21, C-518/20 und C-727/20.

[36] Az. 9 AZR 245/19.

[37] Az. 9 AZR 107/20.

[38] Urteil vom 7. August 2012, Az. 9 AZR 353/10.

Dies **gilt nicht nur für den gesetzlichen Mindest- bzw. Grundurlaub**[39], sondern **auch für den Zusatzurlaubsanspruch für schwerbehinderte Menschen** gemäß § 125 SGB IX[40].

Daraus ergibt sich eine maximale Summe von Urlaubsansprüchen, die in zwei Jahren und drei Monaten entstanden sind; mindestens ergibt sich eine Summe aus einem Jahr und drei Monaten, also 15 Monaten.
Urlaubsansprüche entstehen dabei so lange, wie das Arbeitsverhältnis besteht, selbst, wenn Arbeitnehmer währenddessen Erwerbsminderungsrente beziehen.

BEISPIEL 1:

*Sofern der Arbeitnehmer **bereits das ganze Jahr 2022** bis **30. April 2025** arbeitsunfähig erkrankt war, ist der Urlaub aus dem Jahr **2022** am **31. März 2024** (also 15 Monate nach Ende des Jahres 2022) verfallen; der Anspruch aus **2023** am **31. März 2025**.*
Der Arbeitnehmer hat lediglich Anspruch auf Urlaub für 2024 und anteilig für 2025.

BEISPIEL 2:

*Ist der Arbeitnehmer **erst im März 2022 dauerhaft arbeitsunfähig erkrankt**, so ist sein Urlaubsanspruch für das Kalenderjahr 2022 bereits vor dem Auftreten seiner Erkrankung entstanden und nicht - wie im Beispiel 1 - erst während der Krankheit. Der Urlaubsanspruch erlischt nur dann nach 15 Monaten, wenn sein Arbeitgeber seiner **Aufforderungs- und Hinweisobliegenheit (Urlaubsbelehrungspflicht)** ordnungsgemäß nachgekommen ist. Dazu muss er dem Arbeitnehmer in nachweisbarer Form mitteilen, dass der nicht genommene Urlaub am Ende des Jahres oder am Ende des zulässigen Übertragungszeitraums verfallen wird, und ihn gegebenenfalls dazu auffordern, noch rechtzeitig vor dem Verfall seinen Urlaub zu nehmen.*

---

[39] = 24 Werktage bei sechstätiger Arbeitswoche, 20 Urlaubstage bei einer fünftägigen Arbeitswoche.
[40] Bundesarbeitsgericht, Urteil vom 23. März 2010, Az. 9 AZR 128/09.

Hintergrund dafür ist, dass der Arbeitnehmer seinen Urlaubsanspruch bei rechtzeitigem Hinweis auch vor der Erkrankung hätten wahrnehmen können.

Pauschale Mitteilungen des Arbeitgebers reichen nicht aus.

Nimmt der Arbeitnehmer seinen Urlaub dennoch nicht, kann dieser weiterhin verfallen[41].

HINWEIS: Die Rechtsprechung gilt grundsätzlich nur für den **gesetzlichen Mindesturlaub.**
Für einen Urlaubsanspruch, der sich aus einem geltenden Tarifvertrag, Arbeitsvertrag oder einer Betriebsvereinbarung ergibt und der den gesetzlichen Mindesturlaub übersteigt **sind abweichende Regelungen** (auch zum Verfall) **möglich.**

Arbeitgeber müssen ihre Beschäftigten also schon sehr früh im Kalenderjahr auf den drohenden Urlaubsverfall hinweisen. Denn nach dem o. g. Urteil des Bundesarbeitsgerichts *verfällt der Urlaub auch dann nicht, wenn*

BEISPIEL 3:

der Arbeitnehmer schon am 15. Januar 2022 langfristig arbeitsunfähig erkrankt ist und der Arbeitgeber ihn zuvor nicht auf den noch bestehenden Urlaub und dessen möglichen Verfall hingewiesen hat.

Dabei ist allerdings zu beachten, dass der Arbeitnehmer in diesem Fall auch nicht seinen gesamten Jahresurlaub hätte nehmen können, wenn sein Arbeitgeber ihn unverzüglich, d. h. innerhalb der ersten sechs Werktage des Jahres (also bis zum 7. Januar 2022) auf den drohenden Urlaubsverfall hingewiesen hätte. Dann hätte er bis zum 15. Januar 2022 maximal sieben Urlaubstage nehmen können, weshalb ihm auch nur diese sieben Urlaubstage erhalten bleiben und der Rest im Fall der Dauererkrankung verfällt.

---

[41] vgl. Bundesarbeitsgericht, Beschluss vom 7. Juli 2020, Az. 9 AZR 401/19 (A).

HINWEIS: Das Bundesarbeitsgericht hat somit klargestellt, dass die Rechtsprechung, wonach Urlaubsansprüche bei ununterbrochen fortbestehender Arbeitsunfähigkeit 15 Monate nach Ablauf des Urlaubsjahres verfallen, grundsätzlich **keine Anwendung** findet, **wenn in dem Urlaubsjahr tatsächlich (zumindest teilweise) gearbeitet wurde und der Arbeitgeber seinen Mitwirkungspflichten** für die betreffenden Urlaubsansprüche **nicht nachgekommen ist**. Dann können Urlaubsansprüche immer weiter anwachsen.

Der **Zusatzurlaub für schwerbehinderte Menschen** wird ebenfalls 15 Monate lang nach dem Kalenderjahr, in dem der Anspruch entstanden ist, aufrechterhalten[42].

b. Ausnahmen vom Urlaubsverfall

Erkrankt der Beschäftigte, während er **Überstunden** abbaut, hat er **keinen Anspruch auf Ersatz der Urlaubstage.**[43] Dies wird damit begründet, dass er lediglich von der Pflicht zur Arbeit entbunden ist. Das Krankheitsrisiko trägt er in diesem Fall selbst.

Gleiches gilt, wenn **während des Urlaubs ein Kind erkrankt** und Pflege benötigt. Hier ist ein Arbeitnehmer sogar doppelt belastet:

- Zum einen sind die Urlaubstage unwiederbringlich verbraucht, denn neue Urlaubstage werden in diesem Fall nicht gewährt.

- Zum anderen führt die Beantragung von Kinderkrankengeld auch noch zu einem Verzicht auf einen Teil der Lohn-

---

[42] Bundesarbeitsgericht, Urteile vom 23. März 2019, Az. 9 AZR 128/09 und vom 7. August 2012, Az. 9 AZR 353/10.

[43] Bundesarbeitsgericht, Urteil vom 11. September 2003, Az. 6 AZR 374/02.

ansprüche, da das Krankengeld niedriger ist als der Lohn-
anspruch.

Ausnahmen für den Urlaubsverfall bestehen, wenn der Arbeitnehmer sich z. B. im **Mutterschutz** oder in **Elternzeit** befindet. [44]
Nicht beanspruchter Urlaub verfällt durch den Mutterschutz
oder die Elternzeit nicht. Eine Kürzung des Erholungsurlaubs ist
wegen mutterschutzrechtlicher Beschäftigungsverbote nicht
zulässig.

BEISPIEL:

*Hat die Beschäftigte noch Resturlaub aus der Zeit vor Beginn
der Beschäftigungsverbote, dann kann sie ihn übertragen in
das laufende oder das nächste Urlaubsjahr und den Resturlaub nach den Beschäftigungsverboten nehmen.*

*Falls sie unmittelbar nach der Mutterschutzfrist Elternzeit
nimmt, kann sie den Resturlaub sogar noch nach der Elternzeit nehmen.*

c. Krankschreibung und Urlaubsabgeltung

„Aufgeschobenen" Urlaub kann ein Beschäftigter erst dann
nehmen, wenn er nicht mehr krankgeschrieben ist. Während
der Krankschreibung kann kein Urlaub gewährt werden.

Kann der Beschäftigte nicht mehr an seinen Arbeitsplatz zu-
rückkehren und damit auch seinen Urlaub nicht ganz oder
teilweise mehr nehmen, stellt sich die Frage der **Urlaubsabgeltung** durch Zahlung eines Geldbetrages.

Gemäß § 7 Absatz 4 BUrlG ist der Urlaub abzugelten, wenn er
wegen Beendigung des Arbeitsverhältnisses ganz oder teilweise nicht mehr gewährt werden kann (siehe bereits S. 32).

---

[44] Bundesarbeitsgericht, Urteil vom 16. April 2024, Az. 9 AZR 165/23.

Es handelt sich um einen Anspruch des Beschäftigten gegen den Arbeitgeber auf Auszahlung der bei tatsächlichem und endgültigem Ausscheiden noch zustehenden Urlaubstage.

Bei der **Beendigung eines Arbeitsverhältnisses** wandelt sich der zu diesem Zeitpunkt noch offene und noch nicht verfallene Urlaubsanspruch, der nicht mehr „in natura" genommen werden kann, in einen **Geldanspruch** um. Dieser gesetzliche Urlaubsanspruch ist zwingend und kann nicht durch vertragliche Vereinbarungen ausgeschlossen werden.

Nach § 17 Absatz 3 Bundeselterngeld- und Elternzeitgesetz (BEEG) gilt das auch dann, wenn das Arbeitsverhältnis im Anschluss an die Elternzeit nicht fortgesetzt wird.

Im bestehenden Arbeitsverhältnis ist die Abgeltung des Urlaubsanspruchs nach § 134 Bürgerliches Gesetzbuch (BGB) **unwirksam.**

HINWEIS: Soweit eine tarifliche oder arbeitsvertragliche Ausschlussfrist nicht gegeben ist, verjährt der Anspruch auf Urlaubsabgeltung in drei Jahren nach dem Schluss des Kalenderjahres, in dem der Arbeitnehmer aus dem Arbeitsverhältnis ausgeschieden ist. Das gilt auch dann, wenn der Arbeitgeber seine urlaubsrechtlichen Mitwirkungspflichten zuvor noch nicht erfüllt hatte[45].

BEISPIEL:

Der Arbeitnehmer war seit dem 18. November 2015 bis zur Beendigung des Arbeitsverhältnisses am 31.Dezember 2019 ununterbrochen arbeitsunfähig erkrankt. Pro Kalenderjahr war ein Anspruch auf 30 Tage Urlaub vereinbart. Eine Urlaubsbelehrung seitens des Arbeitgebers ist nicht erfolgt. Im Jahr 2015 wurden 21 Urlaubstage gewährt.

---

[45] Bundesarbeitsgericht, Urteil vom 31. Januar 2023, Az. 9 AZR 456/20.

Die Rechtsprechung des Bundesarbeitsgerichts[46] und des Europäischen Gerichtshofs[47] führte hier zu folgenden **konkreten Rechtsfolgen**:

- *Abzugelten waren mangels Urlaubsbelehrung neun restliche Urlaubstage aus 2015.*

- *Die 60 Urlaubstage aus 2016 und 2017 waren nicht abzugelten. Sie sind jeweils nach Ablauf von weiteren 15 Monaten ununterbrochener Krankheit am 31.03.2018 bzw. 31.03.2019 trotz unterlassener Urlaubsbelehrung verfallen.*

- *Die 60 Urlaubstage aus 2018 und 2019 waren wiederum abzugelten. Sie waren bei Beendigung des Arbeitsverhältnisses am 31.12.2019 bereits mangels Ablaufes einer Dauer von weiteren 15 Monaten ununterbrochener Krankheit noch nicht verfallen.*

ÜBRIGENS!

Für die **Umwandlung** des Urlaubs- in einen Geldanspruch ist es **ohne Belang, wer das Ende** des Arbeitsverhältnisses **veranlasst hat und aus welchem Grund** das Arbeitsverhältnis endet.

Für den Abgeltungsanspruch kommen somit die üblichen Beendigungstatbestände in Betracht, wie z. B. eine ordentliche oder außerordentliche Kündigung des Beschäftigungsverhältnisses, der Abschluss eines Aufhebungsvertrages, der Zugang eines Rentenbescheids, durch den eine volle Erwerbsminderungsrente auf Dauer(!) gewährt wird, sowie der Ablauf der Frist, für die ein befristetes Arbeitsverhältnis abgeschlossen worden ist.

Nach Beendigung eines **Altersteilzeitarbeitsverhältnisses** im Blockmodell besteht allerdings **kein Anspruch auf Abgeltung** von Urlaub für die Freistellungsphase.[48]

---

[46] Urteil vom 7. September 2021, Az. 9 AZR 3/21 (A).

[47] Urteile vom 22. September 2022, Az. C-518/20 und C-727/20).

[48] Bundesarbeitsgericht, Urteil vom 24. September 2019, Az. 9 AZR 481/18.

Nach höchstrichterlicher Rechtsprechung können selbst **Erben** einen Abgeltungsanspruch haben, wenn ein Arbeitnehmer durch seinen Tod aus dem Arbeitsverhältnis ausscheidet[49].

Die **Berechnung der Urlaubsabgeltung** ergibt sich aus § 11 BUrlG, also nach der allgemeinen Berechnung des Arbeitsentgelts, das während des Urlaubs zu zahlen ist.

Die **Höhe** richtet sich somit nach dem **durchschnittlichen Verdienst**, den der Beschäftigte **innerhalb der letzten 13 Wochen vor Urlaubsantritt** erhalten hat. **Zuschläge** für Sonn-, Feiertags- und Nachtarbeit, Prämien, Sachzulagen o. ä. sind bei der Berechnung ebenfalls zu berücksichtigen.

Zudem sind bestimmte **Auf- und Abrundungsregeln** beachten. Bruchteile von Urlaubstagen im Ein- oder Austrittsjahr, die mindestens einen halben Tag ($\geq 0,5$ Tage) ergeben, sind nach § 5 Absatz 2 BUrlG auf volle Tage aufzurunden. Bruchteile unter 0,5 Tagen dürfen hingegen nicht abgerundet werden.

4. Zusatzurlaub und Urlaubsgeld

Das **Urlaubsgeld** ist eine aus Anlass des Erholungsurlaubs gewährte **betriebliche Sonderzuwendung**, die vom Urlaubsentgelt zu unterscheiden ist; zur Zahlung kann der Arbeitgeber durch Tarifvertrag, Betriebsvereinbarung oder Einzelarbeitsvertrag verpflichtet sein.

Urlaubsentgelt ist der durchschnittliche Arbeitsverdienst, den der Arbeitgeber dem Arbeitnehmer auch während des Erholungsurlaubs weiterzuzahlen hat (vgl. § 11 BUrlG). **Urlaubsentgelt ist auch während des Zusatzurlaubs** eines schwerbehinderten Menschen **zu zahlen** (§ 208 SGB IX).

Nimmt eine tarifliche Regelung für die Urlaubsdauer auf das Schwerbehindertenrecht Bezug und sieht sie neben dem Urlaubsentgelt ein zusätzliches Urlaubsgeld vor, kann der

---

[49] Bundesarbeitsgericht, Urteil vom 22. Januar 2019, Az. 9 AZR 45/16.

schwerbehinderte Arbeitnehmer auch für den ihm zustehenden Zusatzurlaub Urlaubsgeld verlangen. Ist der Anspruch auf zusätzliches Urlaubsgeld im Tarifvertrag auf die tariflich festgelegte Urlaubsdauer begrenzt, scheidet ein Anspruch auf Urlaubsgeld für den Zusatzurlaub jedoch aus[50].

Der Anspruch auf **Urlaubsgeld für den Zusatzurlaub** für schwerbehinderte Arbeitnehmer besteht somit nur, **wenn dies vereinbart ist.**

5. Kündigung, Allgemeiner Kündigungsschutz

Der allgemeine Kündigungsschutz ist im Kündigungsschutzgesetz (KSchG) geregelt.

Schutz erfahren **Arbeitnehmer** (z. B. auch Teilzeitbeschäftigte, geringfügig Beschäftigte, Führungskräfte [siehe hierzu § 14 Absatz 2 KSchG] und Prokuristen) gegen ordentliche arbeitgeberseitige Beendigungskündigung oder einer Änderungskündigung, **deren Arbeitsverhältnisse zum Zeitpunkt des Zugangs der Kündigung ohne Unterbrechung länger als sechs Monate bestanden haben**; in dem Betrieb müssen dabei in der Regel mehr als zehn Arbeitnehmer beschäftigt sein, es darf sich also **nicht** um einen sogenannten **Kleinbetrieb**[51] (siehe § 23 KSchG) handeln.

Für **Arbeitsverhältnisse**, die **vor dem 1. Januar 2004** bereits bestanden haben, greift der Kündigungsschutz bereits bei mehr als fünf Vollzeitmitarbeitern, welche bereits alle vor dem 31. Dezember 2003 eingestellt waren (Bestandsschutz).

Bei der **Berechnung der Anzahl der Beschäftigten** werden Teilzeitbeschäftigte anteilig mit

---

[50] Bundesarbeitsgericht, Urteil vom 30. Juli 1986, Az. 8 AZR 241/83.
[51] Ein Arbeitsverhältnis im Kleinbetrieb kann zwar grundsätzlich von beiden Seiten unter Beachtung der jeweiligen Kündigungsfrist gekündigt werden, aber auch hier gibt es Grenzen (treuwidrige oder diskriminierende Kündigung, Sittenwidrigkeit, Nichteinhaltung gewisser sozialer Mindeststandards).

- 0,5 bei einer regelmäßigen wöchentlichen Arbeitszeit von bis zu 20 Stunden,
- 0,75 bei einer regelmäßigen wöchentlichen Arbeitszeit von bis zu 30 Stunden,
- 1,0 bei einer regelmäßigen wöchentlichen Arbeitszeit von über 30 Stunden, mitgezählt, § 23 KSchG.

Selbst wenn ein Arbeitnehmer nur eine Stunde wöchentlich arbeitet, wird er mit 0,5 gezählt. Mitarbeiter, die 50 Stunden wöchentlich arbeiten, zählen wiederum maximal mit 1,0.

Freie Mitarbeiter, Auszubildende, Praktikanten, Handelsvertreter, im Handelsregister eingetragene Geschäftsführer einer GmbH, Vorstände von Aktiengesellschaften, vertretungsberechtigte Gesellschafter einer offenen Handelsgesellschaft (OHG), Komplementäre einer Kommanditgesellschaft (KG), die vertretungsberechtigten Gesellschafter einer Gesellschaft bürgerlichen Rechts (GbR), Partner einer Partnerschaftsgesellschaft (PartG) und Vorstandsmitglieder eines nicht rechtsfähigen Vereins sind **keine Arbeitnehmer im Sinne des KSchG**.

Findet das Kündigungsschutzgesetz Anwendung, können Arbeitnehmer die Wirksamkeit der Kündigung hinsichtlich des Kündigungsgrundes arbeitsgerichtlich überprüfen lassen.

HINWEIS: Die Unwirksamkeit der zumeist ordentlichen Kündigung muss **unbedingt innerhalb von drei Wochen nach Kündigungszugang** durch eine Klage geltend gemacht werden, andernfalls ist die Kündigung wirksam (§ 4 Absatz 1 KSchG).

Die **Kündigungsschutzklage** wird in der Regel beim Arbeitsgericht am Wohn- bzw. Firmensitz des Beklagten erhoben, § 46 Absatz 2 Arbeitsgerichtsgesetz (ArbGG) in Verbindung mit §§ 12 ff. Zivilprozessordnung (ZPO) erhoben. Klage kann aber auch an dem Ort erhoben werden, an dem nach dem Arbeitsvertrag die Arbeitsleistung zu erbringen ist.

Der betroffene **Arbeitnehmer kann** die **Klage selbst formulie-**

ren[52] und bei Gericht einreichen. Es ist allerdings auch möglich, die Klage von einem Rechtspfleger beim Arbeitsgericht formulieren zu lassen.

Hierfür gibt es bei den Arbeitsgerichten eine sog. **Rechtsantragstelle**. Eine **Rechtsberatung** wird dort allerdings nicht erteilt; der zuständige Rechtspfleger ist lediglich beim Ausformulieren der Klageschrift behilflich.

Anwaltlicher Beistand erweist sich oft als sinnvoll, vor allem bei tatsächlich oder rechtlich schwierig gelagerten Fällen.

Gewerkschaften und **Arbeitgeberverbände** gewähren ihren Mitgliedern in der Regel Rechtsschutz und vertreten diese durch eigene Prozessvertreter, § 11 Absatz 2 Nr. 4 ArbGG.

Wird die Kündigungsschutzklage vor dem örtlich unzuständigen Arbeitsgericht erhoben, macht das die Klage nicht unzulässig. Es reicht aus, dass sie insgesamt rechtzeitig innerhalb der dreiwöchigen Klagefrist erhoben wurde. Das unzuständige Arbeitsgericht muss die Klage dann an das nach seiner Auffassung zuständige Arbeitsgericht verweisen.

Mit der Kündigungsschutzklage wird beantragt, dass festgestellt werden soll, dass das Arbeitsverhältnis nicht aufgelöst wird, da die Kündigung sozial ungerechtfertigt oder aus einem anderen Grund unwirksam ist.

Eine Kündigung ist sozialwidrig, wenn sie nicht durch Gründe in der Person oder **im Verhalten des Arbeitnehmers** oder durch **dringende**[53] **betriebliche Erfordernisse** gerechtfertigt ist.

Im Kündigungsschutzverfahren muss sich der kündigende Arbeitgeber auf einen dieser Gründe berufen, und die soziale Rechtfertigung darlegen und beweisen, § 1 Absatz 2 Satz 4 KSchG.

---

[52] Muster einer Kündigungsschutzklage siehe Anhang 9, S. 140 ff.

[53] D. h. es gibt keine Möglichkeit der Weiterbeschäftigung des Arbeitnehmers auf einem anderen freien und vergleichbaren Arbeitsplatz innerhalb des Unternehmens.

Die Einzelheiten des gerichtlichen Verfahrens sind im Arbeitsgerichtsgesetz (ArbGG) geregelt.

1. Instanz Arbeitsgericht

Berufung

2. Instanz: Landesarbeitsgericht

Revision

3. Bundesarbeitsgericht

Die **Arbeitsgerichtsbarkeit** ist eine eigene Fachgerichtsbarkeit.

Die Kammern der Arbeitsgerichte sind in allen Instanzen neben den Berufsrichtern *(schwarz)* auch mit ehrenamtlichen Richtern *(hellgrau)* aus den Kreisen der Arbeitgeber und Arbeitnehmer besetzt, §§ 16, 17, 35, 41, 45 ArbGG.

Bei den Arbeitsgerichten findet **vor der eigentlichen Streitverhandlung** zunächst ein sogenanntes **Güteverfahren** (auch Güteverhandlung) unter Leitung eines Berufsrichters statt. Ziel des Gütetermins ist es, den Rechtsstreit durch einen Vergleich beizulegen.

Gelingt keine Einigung, entscheidet die Kammer unter dem Vorsitz eines Berufsrichters und jeweils einem Arbeitnehmer- und einem Arbeitgeberbeisitzer (ehrenamtliche Richter, s. o.).

Im **arbeitsgerichtlichen Urteilsverfahren erster Instanz** trägt jede Partei die **Rechtsanwaltskosten** selbst, und zwar unabhängig davon, ob sie den Prozess gewinnt oder verliert.

Die **Gerichtskosten** muss die Partei zahlen, die den Prozess verliert. Kommt es zu einem Vergleichsabschluss und wird die Klage zurückgenommen, entfallen die Gerichtskosten.

Klagenden mit geringem Einkommen kann im Rahmen der **Prozesskostenhilfe** ein Rechtsanwalt beigeordnet werden, wenn die Klage hinreichende Aussicht auf Erfolg bietet und nicht mutwillig erscheint.

> **HINWEIS:** Leitet der Arbeitgeber ein **Zustimmungsverfahren** zur Kündigung evtl. gar nicht ein, empfiehlt es sich für den Arbeitnehmer, die fehlende behördliche Zustimmung gleichfalls innerhalb von drei Wochen, **berechnet ab Zugang** der arbeitgeberseitigen Kündigung (Fristbeginn!), **gerichtlich** geltend zu machen.

Die **Kündigung oder** der **Aufhebungsvertrag** eines Arbeitsverhältnisses hat **immer schriftlich** zu erfolgen.

> **HINWEIS:** Eine mündliche oder vom Arbeitgeber nicht eigenhändig unterschriebene Kündigung ist unwirksam. Eine Kündigung kann folglich nicht per SMS, E-Mail, Fax oder in anderer elektronischer Form erfolgen.

Die ordentliche Kündigung muss grundsätzlich nicht begründet werden, um wirksam zu sein.

Lediglich bei einer fristlosen Kündigung ist das Vorliegen eines wichtigen Grundes erforderlich. Liegt ein solcher nicht vor, müssen vom Arbeitgeber und Arbeitnehmer die jeweiligen Kündigungsfristen eingehalten werden. Diese können sich aus dem Gesetz (§ 622 BGB[54]), aus Tarifverträgen oder aus dem individuellen Arbeitsvertrag ergeben. Findet auf das Arbeitsverhältnis ein Tarifvertrag Anwendung, sind dessen Kündigungsfristen vorrangig zu beachten. Nur wenn im Arbeitsvertrag eine für den Arbeitnehmer günstigere Kündigungsfrist als im Tarifvertrag vereinbart ist, gilt diese.

Im Übrigen kann eine Kündigung grundsätzlich auch während einer Krankschreibung erfolgen.

Versendet der Arbeitgeber das Kündigungsschreiben an den

---

[54] Siehe hierzu Anhang 8, S. 136 f.

Arbeitnehmer (*„Zugang unter Abwesenden"*, vgl. § 130 BGB) wird die Kündigung grundsätzlich wirksam, wenn dieser von ihr Kenntnis nimmt, also seine Post öffnet und das Kündigungsschreiben liest. Allerdings gilt der **Zugang einer Kündigung** unter Abwesenden auch dann als erfolgt, wenn die Kündigung in den „Machtbereich" des Empfängers gelangte und man unter gewöhnlichen Umständen mit einer Kenntnisnahme rechnen konnte.

BEISPIEL 1:

Wird ein Kündigungsschreiben erst um 20:00 Uhr in den Briefkasten eingeworfen, so gilt die Kündigung auch erst als am nächsten Tag zugegangen, da der Briefkasten normalerweise nur einmal täglich geleert wird.

BEISPIEL 2:

Wird ein Kündigungsschreiben per Einschreiben mit Rückschein versandt und der Empfänger vom Postboten nicht angetroffen, gilt der Zugang durch den Einwurf des Rückscheins nicht als erfolgt, weil nicht das Kündigungsschreiben selbst in den Machtbereich des Empfängers gelangt. Wenn der eingeschriebene Brief daher nicht bei der Post abgeholt wird, ist die Kündigung nicht wirksam zugegangen.

BEISPIEL 3:

Wird das Kündigungsschreiben als Einwurf-Einschreiben von der Deutsche Post AG übermittelt, kann grundsätzlich davon ausgegangen werden, dass die Mitarbeiter der Deutsche Post AG den Zugang des Briefs an dem bestätigten Tag und innerhalb der üblichen Postzustellzeiten bewirkt haben[55].

> **HINWEIS:** Das Datum, das auf dem Kündigungsschreiben vermerkt ist, ist irrelevant, denn dieses bezeichnet lediglich den Tag, an dem die Kündigungserklärung aufgesetzt wurde.

---

[55] Bundesarbeitsgericht, Urteil vom 20. Juni 2024, Az. 2 AZR 213/23.

Die **Kündigungsfrist** beträgt, wenn das Arbeitsverhältnis mindestens sechs Monate bestanden hat, mindestens vier Wochen[56].

Wenn der Arbeitgeber eine **außerordentliche Kündigung** ausgesprochen hat, muss er dem Arbeitnehmer allerdings gemäß § 626 Absatz 2 BGB) *„auf Verlangen den Kündigungsgrund unverzüglich schriftlich mitteilen".*

HINWEIS: Diese Pflicht zur Mitteilung der Gründe ändert jedoch nichts daran, dass auch eine ohne Begründung ausgesprochene Kündigung wirksam ist, falls es für sie - objektiv betrachtet - einen wichtigen Grund gibt.

6. Besonderer Kündigungsschutz

Anders als der allgemeine Kündigungsschutz, gilt der besondere Kündigungsschutz **nur für bestimmte Personengruppen**, er knüpft also an bestimmte persönliche Merkmale eines Arbeitnehmers an. Der **Hauptanwendungsfall**[57] des Sonderkündigungsschutzes betrifft **Menschen mit Schwerbehinderung und ihnen rechtlich gleichgestellte Menschen**.

§ 168 ff. SGB IX gewährt ihnen einen besonderen Kündigungsschutz, der neben die allgemeinen Kündigungsschutzregeln[58] tritt.

HINWEIS: Der **besondere Kündigungsschutz besteht** dabei

---

[56] Übersicht über Kündigungsfristen siehe Anhang 6, S. 124 f.

[57] Es gibt noch eine ganze Reihe weiterer Tatbestände, die Sonderkündigungsschutz auslösen, wie beispielsweise bei Schwangerschaft (Schwangere und Mütter im Mutterschutz), Funktionsträgern der Betriebsverfassung, Elternzeit, Pflegezeit (Pflegende Angehörige), Massenentlassungen, Auszubildenden nach der Probezeit, Datenschutzbeauftragten und sonstigen Sonderbeauftragten.

[58] Der allgemeine Kündigungsschutz bezweckt den Schutz vor einer sozialwidrigen Kündigung durch den Arbeitgeber.

– anders als beim allgemeinen Kündigungsschutz
– **ganz unabhängig davon, wie viele Mitarbeiter ein Arbeitgeber beschäftigt**, die Betriebsgröße ist unbeachtlich.

Menschen mit Schwerbehinderung und ihnen rechtlich gleichgestellte Menschen sind zwar **nicht generell unkündbar**, aber Arbeitgeber müssen bei einer Kündigung zwingende **verfahrensrechtliche Vorschriften** beachten

Im **Grundsatz** gilt:

Eine Kündigung darf der Arbeitgeber erst aussprechen, wenn das Integrationsamt[59] **zuvor zugestimmt hat.** Eine **ohne** diese **Zustimmung** erklärte Kündigung ist **unwirksam**[60].

Gibt es einen **Betriebsrat**, so ist gemäß § 102 Absatz 1 Betriebsverfassungsgesetz (BetrVG) vor jeder Kündigung zu hören. Im Rahmen der **Anhörung** hat der Arbeitgeber dem Betriebsrat die Gründe für die geplante Kündigung mitzuteilen.
Die Anhörung kann vor, während oder nach dem Zustimmungsverfahren durchgeführt werden, muss aber binnen Monatsfrist des § 171 Absatz 3 SGB IX erfolgen.
Eine **ohne Anhörung** des Betriebsrats ausgesprochene Kündigung ist **unwirksam**.

Das Mitbestimmungsrecht für öffentliche Arbeitgeber ist in § 75 Absatz 1 Bundespersonalvertretungsgesetz (BPersVG) geregelt. Hiernach bestimmt der **Personalrat** in Personalangelegenheiten (analog zum Betriebsrat) mit.

Bereits seit dem 30. Dezember 2016 gelten zudem verschärfte

---

[59] In Bayern, Berlin, Nordrhein-Westfalen und im Saarland wurden die „Integrationsämter" in „Inklusionsämter" umbenannt, ohne dass damit eine inhaltliche Änderung einhergegangen ist. Der Einfachheit halber wird im Folgenden ausschließlich der Begriff „Integrationsamt" verwendet.
[60] Bundesarbeitsgericht, Urteil vom 15. Mai 1997, Az. 2 AZR 43/96.

Anforderungen[61]:

Wird die **Schwerbehindertenvertretung** über eine geplante Kündigung nicht ordnungsgemäß (erstens) unterrichtet und (zweitens) gehört, ist die Durchführung oder Vollziehung der Maßnahme nicht mehr nur auszusetzen und innerhalb von sieben Tagen nachzuholen. Die Kündigung ist nach § 178 Absatz 2 Satz 3 SGB IX unwirksam[62].

Bei Bestehen einer Schwerbehindertenvertretung und eines Betriebsrats müssen also mindestens drei Verfahren durchgeführt werden:

- neben der **Zustimmung des Integrationsamtes** (§ 168 SGB IX)

- und der **ordnungsgemäßen Anhörung des Betriebsrats** (§ 102 BetrVG)

- muss auch die **ordnungsgemäße Beteiligung der Schwerbehindertenvertretung** sichergestellt werden § 178 Absatz 2 SGB IX).

HINWEIS: Diese Verpflichtung gilt **unabhängig von der Dauer des Arbeitsverhältnisses.** (Die Sechs-Monats-Regel, wie bei der Zustimmung des Integrationsamts, gilt hier nicht.)

---

[61] Zunächst erhielt § 95 SGB IX ab dem 30. Dezember 2016 in Absatz 2 einen neuen S. 3, der vorsah, dass die Kündigung eines schwerbehinderten Menschen, die der Arbeitgeber ohne eine Beteiligung der Schwerbehindertenvertretung ausspricht, unwirksam ist. Im Zuge der Änderung des Aufbaus des SGB IX ist aus dem § 95 SGB IX ab dem 1. Januar 2018 der § 178 SGB IX geworden.

[62] Diese Regelung entspricht § 102 Absatz 1 S. 3 Betriebsverfassungsgesetz (BetrVG) und fehlte bis Ende 2017 im SGB IX. Der Arbeitgeber musste die Schwerbehindertenvertretung zwar auch nach altem Recht „theoretisch" vor jeder Kündigung eines schwerbehinderten Menschen anhören, doch machte ein Verstoß gegen die Anhörungspflicht die Kündigung nicht unwirksam.

Der besondere Kündigungsschutz **gilt für alle Kündigungsarten**, d. h.

> direkt für die **ordentliche** (die „normale", an die Einhaltung einer Kündigungsfrist gebundene) **Kündigung** und über die Verweisungsvorschrift des § 174 Absatz 1 SGB IX für die **außerordentliche** („oft fristlose") **Kündigung**[63], die das Vorliegen eines „wichtigen Grundes" im Sinne des § 626 BGB voraussetzt.

> für **verhaltens-** *(Kündigungsgrund ist hier ein steuerbares Fehlverhalten)*, **personen-** *(Hauptanwendungsfall: Krankheit des Arbeitnehmers)* **und betriebsbedingte** *(hier führt eine unternehmerische Entscheidung zum Wegfall des Arbeitsplatzes)* **Kündigungen** und auch

> für die aus zwei Elementen bestehende **Änderungskündigung** *(Erstes Element: Beendigung des bestehenden Arbeitsverhältnisses und gleichzeitig zweites Element: Angebot auf den Abschluss eines neuen Arbeitsvertrages zu geänderten Arbeitsbedingungen)*.

HINWEIS: **Kündigungen**, die innerhalb der sechs Monate **vor Anwendbarkeit** von allgemeinem und besonderem **Kündigungsschutz** erfolgen, sind unmittelbar am Benachteiligungsverbot des Allgemeinen Gleichbehandlungsgesetz (AGG)[64] zu überprüfen. Die Bestimmungen des AGG sind auch auf

---

[63] Ausnahmsweise wird die außerordentliche Kündigung auch mit einer sozialen Auslauffrist ausgesprochen, wenn der Arbeitnehmer ordentlich unkündbar ist, z. B., weil im § 34 Absatz 2 Satz 1 Tarifvertrag für den Öffentlichen Dienst (TVöD) oder § 34 Absatz 1 Satz 1 Tarifvertrag für den Öffentlichen Dienst der Länder (TV-L) einschlägig ist. Die soziale Auslauffrist entspricht dann regelmäßig der Dauer der bei einer ordentlichen Kündigung einzuhaltenden Kündigungsfrist.

[64] BGBl. 2006 Teil I Nr. 39 vom 14. August 2006, S. 1897. Das AGG legt in § 7 fest: Beschäftigte dürfen nicht wegen ihrer ethnischen Herkunft, des Geschlechts, der Religion oder Weltanschauung, einer

> eine Kündigung des Berufsausbildungsverhältnisses in der Probezeit anzuwenden.[65]

Für die Zustimmung müssen **Arbeitgeber** zunächst einen **Antrag auf Zustimmung** beim Integrationsamt stellen, woraufhin das Integrationsamt prüft, ob die geplante Kündigung mit der Behinderung des Arbeitnehmers in Zusammenhang steht oder nicht.

Bei der **Eigenkündigung** spielt der besondere Kündigungsschutz dagegen keine Rolle.

HINWEIS: Die **Unwirksamkeit der zumeist ordentlichen Kündigung muss** der Beschäftigte unbedingt innerhalb von drei Wochen nach Kündigungszugang **durch eine Klage geltend machen**, andernfalls ist sie wirksam (§ 4 Absatz 1 Kündigungsschutzgesetz, KSchG; siehe Ausführungen zur ordentlichen Kündigung, Ziff. 5, S. 41.

a. Kündigung in Kenntnis des Bestehens der Schwerbehinderung oder Gleichstellung ohne erforderliche Zustimmung

Der **Arbeitgeber muss** ferner auch **Kenntnis über das Bestehen der Schwerbehinderung oder Gleichstellung haben**, damit sich der Arbeitnehmer auf das Schutzrecht wirksam berufen kann.

Ist das der Fall, kann der Arbeitnehmer das Fehlen der erforderlichen Zustimmung des Integrationsamtes bis zur Grenze der Verwirkung jederzeit geltend machen, wenn ihm eine entsprechende Entscheidung des Integrationsamtes nicht bekannt gegeben worden ist[66].

Behinderung, des Alters oder der sexuellen Identität benachteiligt werden.

[65] Arbeitsgericht Gelsenkirchen, Urteil vom 12. März 2019, Az. 5 Ca 1899/18.

[66] Bundesarbeitsgericht, Urteil vom 13. Februar 2008, Az. 2 AZR 864/06.

Ablauf des Antragserfahrens auf Erteilung der Zustimmung zur Kündigung

Der **Arbeitgeber** muss die Zustimmung **vor Ausspruch der Kündigung** beim für den Sitz des Betriebes zuständigen Integrationsamt **schriftlich** oder **elektronisch** (also auch per normaler E-Mail zulässig) **beantragen,** § 170 Absatz 1 Satz 1 SGB IX.

Das **Integrationsamt ermittelt daraufhin den Sachverhalt** im Rahmen des geltend gemachten Kündigungsgrundes **von Amts wegen** („Amtsermittlungsgrundsatz").
Dazu hört es (das ist zwingend!) den schwerbehinderten oder den diesem rechtlich gleichgestellten Arbeitnehmer an und holt vor seiner Entscheidung ggf. eine Stellungnahme des Betriebs- oder Personalrates und der Schwerbehindertenvertretung ein, § 170 Absatz 2 SGB IX.

> **HINWEIS:** Eine nicht ordnungsgemäße Anhörung oder die Nichteinholung einer Stellungnahme führt zur formellen Rechtswidrigkeit der Entscheidung des Integrationsamtes.

Der von einer Kündigung betroffene Arbeitnehmer möchte seinen Arbeitsplatz behalten, der Arbeitgeber seinen Betriebsablauf möglichst wirtschaftlich und reibungslos gestalten. **Zwischen** diesen **Interessen** muss das Integrationsamt **abwägen und** eine **Ermessensentscheidung treffen.** Dem Schutzgedanken des SGB IX entsprechend können bei der Interessenabwägung nur schwerwiegende Gründe die Zustimmung zur Kündigung rechtfertigen.

Das **Integrationsamt prüft** über arbeitsrechtliche Gesichtspunkte hinaus auch **behinderungsbedingte Schwierigkeiten am Arbeitsplatz** oder **behinderungsbedingte Verhaltensstörungen.**
Im Einzelfall kann das bedeuten, dass es die Zustimmung zur Kündigung bei einem Sachverhalt versagt, der bei einem nichtbehinderten Arbeitnehmer eine ordentliche oder sogar außerordentliche Kündigung gerechtfertigt hätte.

HINWEIS: Bei einer **Betriebsstilllegung bzw. Betriebsschlie-ßung**, also bei einer endgültigen Aufgabe des Betriebszwecks bei gleichzeitiger Auflösung der Betriebsorganisation, muss das Integrationsamt grundsätzlich dem Kündigungsantrag des Arbeitgebers zustimmen; **bei einer wesentlichen Betriebseinschränkung** oder **bei zumutbarem Arbeitsplatzwechsel** soll es die Zustimmung unter bestimmten Voraussetzungen erteilen.

Bei Anträgen auf Zustimmung zu einer ordentlichen Kündigung soll das Integrationsamt seine **Entscheidung grundsätzlich** innerhalb eines Monats vom Tag des Antragseingangs treffen.

Bei Anträgen auf Zustimmung zur außerordentlichen Kündigung hat das Integrationsamt die Entscheidung **innerhalb von zwei Wochen** vom Tage des Antragseingangs zu treffen.

HINWEIS: Während der Arbeitgeber die **ordentliche Kündigung** wirksam nur **innerhalb von einem Monat ab Zustellung der erteilten Zustimmung** erklären kann, muss die **außerordentliche Kündigung unverzüglich** nach Erteilung der Zustimmung ausgesprochen werden.

b. Kündigung in Unkenntnis des Bestehens der Schwerbehinderung oder der erfolgten Gleichstellung

Wusste der Arbeitgeber bei Erklärung der Kündigung[67] noch nichts von der Schwerbehinderung oder Gleichstellung seines Arbeitnehmers, muss dieser, wenn er sich auf den bestehenden Sonderkündigungsschutz berufen will, innerhalb einer

---

[67] Gemäß § 623 BGB muss die **Kündigung** eines Arbeitsverhältnisses ebenso wie der Auflösungsvertrag **zwingend schriftlich** erfolgen. Das gilt bereits seit dem 1. Mai 2000.

„angemessenen Frist" nach Zugang der Kündigung die bereits festgestellte Schwerbehinderung oder Gleichstellung mit einem schwerbehinderten Menschen gegenüber dem Arbeitgeber geltend machen.[68] Andernfalls verliert er den Sonderkündigungsschutz.

Diese **Frist zur Geltendmachung des bestehenden Sonderkündigungsschutzes** gegenüber dem Arbeitgeber beträgt nach höchstrichterlicher Rechtsprechung **drei Wochen nach Erhalt der schriftlichen Kündigung**[69].

RECHTSFOLGE DER GELTENDMACHUNG:

Die arbeitgeberseitige Kündigung des Arbeitsverhältnisses wird unwirksam.

Der Arbeitgeber kann nun

> auf die Beendigung des Arbeitsverhältnisses verzichten

oder aber

> erneut kündigen, diesmal allerdings erst **nach** zustimmender Entscheidung durch das Integrationsamt.

Kündigt der Arbeitgeber erneut, also wenn das Integrationsamt zugestimmt hat, muss der Arbeitnehmer nach § 4 Satz 1

---

[68] Diese Anforderung trägt dem Verwirkungsgedanken (§ 242 BGB) Rechnung und ist aus Vertrauensschutzgesichtspunkten gerechtfertigt.

[69] Siehe Urteil des Bundesarbeitsgerichts vom 22. September 2016, Az. 2 AZR 700/15. In der Vergangenheit hatte das Gericht schwerbehinderten Arbeitnehmern zugestanden, ihre Schwerbehinderung in der Klageschrift oder einem anderen an das Gericht gerichteten Schriftsatz mitzuteilen, auch wenn den Arbeitgeber solche Mitteilungen infolge der Zustellung durch das Gericht erst nach Ablauf von drei Wochen erreichte (Urteil vom 23. Februar 2010, Az. 2 AZR 659/08). Daher konnte es vorkommen, dass der Arbeitgeber erst deutlich später als drei Wochen nach der Kündigung von der Schwerbehinderung erfuhr. An dieser Rechtsprechung hält das Bundesarbeitsgericht nicht mehr fest.

KSchG wiederum **innerhalb von drei Wochen nach Zugang der Kündigung Kündigungsschutzklage** erheben.

RECHTSFOLGE BEI NICHTHANDELN:

Hält der Arbeitnehmer diese Frist nicht ein, kann er sich regelmäßig nicht mehr auf die Unwirksamkeit der Kündigung berufen (siehe S. 53 oben).

HINWEIS:	Nach § 4 Satz 4 KSchG beginnt die dreiwöchige Kündigungsfrist dann zu laufen, wenn dem Arbeitnehmer die **Entscheidung des Integrationsamtes bekannt gegeben** wurde.

Kündigt der Arbeitgeber einem schwerbehinderten oder einem ihm gleichgestellten Arbeitnehmer ohne vorherige Einholung der Zustimmung des Integrationsamtes, wurde eine Entscheidung dieser Behörde nicht getroffen und konnte dem Arbeitnehmer somit auch nicht bekannt gegeben werden.

Da die Klagefrist in diesem Fall noch gar nicht zu laufen begonnen hat, kann der Arbeitnehmer auch noch zu einem späteren Zeitpunkt als drei Wochen nach Zugang der Kündigung Klage beim Arbeitsgericht einreichen[70].

HINWEIS:	Im Fall des **Betriebsübergangs** – ganz allgemein gesagt: des Betriebsinhaberwechsels – muss sich der Betriebsübernehmer die Kenntnis des Betriebsveräußerers von einer evtl. Schwerbehinderteneigenschaft des Arbeitnehmers zurechnen lassen[71].
	Er tritt also in die Fußstapfen des vorherigen Betriebsinhabers.

---

[70] So Bundesarbeitsgericht, Urteile vom 9. Juni 2011, Az. 2 AZR 703/09 und vom 13. Februar 2008, Az. 2 AZR 864/06.
[71] Bundesarbeitsgericht, Urteil vom 11. Dezember 2008, Az. 2 AZR 395/07.

c. Kündigung in Unkenntnis eines laufenden Antragsverfahrens

Läuft ein Antragsverfahren des Arbeitnehmers auf Anerkennung einer Schwerbehinderung oder einer Gleichstellung, wirken die behördlichen Feststellungen in der Regel zurück auf den Tag des Antragseingangs, § 152 Absatz 1 Satz 1 SGB IX).

Im Fall der Anerkennung der Schwerbehinderteneigenschaft oder der Gleichstellung kann das dazu führen, dass eine bereits vom Arbeitgeber ausgesprochene **Kündigung wieder unwirksam (sog. schwebende Unwirksamkeit) wird**. Dies setzt allerdings voraus, dass

> ➢ der Arbeitnehmer seinen **Antrag mindestens drei Wochen vor Zugang der Kündigung gestellt** hat[72],

> ➢ die **Feststellung** des Versorgungsamtes bzw. der Agentur für Arbeit **später rückwirkend festgestellt** wird und

> ➢ das **Fehlen der Feststellung nicht auf einer fehlenden Mitwirkung**[73] **des Antragstellers beruht**[74].

---

[72] Beim Gleichstellungsverfahren ergibt sich das Erfordernis der Antragsfrist mittelbar aus den in Bezug genommenen Fristen für die Entscheidung des Versorgungsamts, das die Behinderung, wenn ein Gutachten für die Feststellung nicht erforderlich ist, binnen drei Wochen nach Antragseingang festzustellen hat (entsprechend § 14 Absatz 2 Satz 2 SGB IX). Ist ein Gutachten erforderlich, ist unverzüglich – in der Regel binnen 3 Wochen – ein geeigneter Sachverständiger zu beauftragen. Das Gutachten ist innerhalb von 2 Wochen nach Auftragserteilung zu erstellen. Innerhalb zweier weiterer Wochen nach Vorliegen des Gutachtens ist die Feststellung der Behinderung zu treffen (entsprechend § 14 Absatz 2 Satz 4 SGB IX).

[73] Nach § 21 Absatz 2 Satz 2 SGB X sollen die Beteiligten bei der Ermittlung des Sachverhalts mitwirken. Sofern sie ihren Mitwirkungspflichten nicht nachkommen, kann dies zur Ablehnung des Antrags führen, §§ 60 ff. SGB I.

[74] Bundesarbeitsgericht, Urteil vom 1. März 2007, 3. Leitsatz, Az. 2 AZR 217/06.

HINWEIS: War dem Arbeitgeber bei Ausspruch der Kündigung[75] nichts von einem laufenden Antragsverfahren bekannt, muss ihn der Arbeitnehmer zudem **spätestens drei Wochen nach Zugang der Kündigung** über den Antrag und den von ihm erstrebten Sonderkündigungsschutz informieren.[76] Der Kündigungsschutz beginnt dann rückwirkend ab dem Zeitpunkt der Antragstellung.

Damit erhält der Arbeitgeber die Gelegenheit, **vorsorglich** die Zustimmung des Integrationsamtes zur Kündigung einzuholen.

➤ Wird diese verweigert, darf der Arbeitgeber keine Kündigung aussprechen.

➤ Erteilt das Integrationsamt die Zustimmung, darf der Arbeitgeber kündigen. **Das heißt aber nicht, dass die Kündigung als solche wirksam ist**, denn darüber hat das Integrationsamt nicht entschieden, sondern nur über spezifisch sozialrechtliche Fragen. **Über die rechtliche Wirksamkeit einer Kündigung kann nur ein Arbeitsgericht entscheiden.**

➤ Wird der Antrag auf Gleichstellung oder Feststellung der Schwerbehinderung später aber abgelehnt, ist gilt die Kündigung als erteilt.

HINWEIS: Nach dem Urteil des Bundesarbeitsgerichts[77] können Arbeitnehmer ein **Verfahren zur Feststellung der Behinderung** (§ 152 Absatz 1 SGB IX) **und ein Gleichstellungsverfahren von Beginn an parallel betreiben**, insbesondere können sie den Gleich-

---

[75] Gemäß § 623 BGB muss die **Kündigung** eines Arbeitsverhältnisses ebenso wie der Auflösungsvertrag **zwingend schriftlich** erfolgen. Das gilt bereits seit dem 1. Mai 2000.
[76] Diese Anforderung trägt dem Verwirkungsgedanken als einen Sonderfall der unzulässigen Rechtsausübung (§ 242 BGB) Rechnung und ist aus Vertrauensschutzgesichtspunkten gerechtfertigt.
[77] Urteil vom 31. Juli 2014, Az. 2 AZR 434/13.

stellungsantrag bei der Agentur für Arbeit vorsorglich für den Fall stellen, dass der Antrag auf Feststellung der Schwerbehinderteneigenschaft wegen eines GdB unter 50 bei der hierfür zuständigen Stelle erfolglos bleiben sollte.

In diesen Fällen wird die Bearbeitung des Gleichstellungsantrags zurückgestellt (d. h. der Antrag wird ruhend gestellt) und der Ausgang des Verfahrens bis zu einer bestandskräftigen Entscheidung des Versorgungsamtes abgewartet.

TIPP: Wenn Sie bemerken, dass es am Arbeitsplatz nicht mehr rund läuft, sollten Sie den Antrag auf Feststellung der Schwerbehinderung und/oder den Antrag auf Gleichstellung nicht auf die lange Bank schieben, sondern möglichst frühzeitig stellen. Nur auf diese Weise können Sie sich den besonderen Kündigungsschutz sichern.

d. Sonderfall - Beendigungsschutz

Arbeitsverträge, deren Auflösung an den Eintritt eines bestimmten Ereignisses geknüpft sind, enden ohne Kündigung mit dem Eintritt des Ereignisses (z. B. mit Ende des Monats, in dem eine volle Erwerbsminderungsrente auf Dauer gewährt wird).

Ausnahmsweise bedarf es allerdings der vorherigen Zustimmung des Integrationsamtes, wenn durch den Eintritt

- einer teilweisen Erwerbsminderung,

- der Erwerbsminderung auf Zeit,

- der Berufsunfähigkeit oder

- der Erwerbsunfähigkeit auf Zeit

das Arbeitsverhältnis ohne Kündigung enden soll. Dieser **erweiterte Beendigungsschutz** ist in § 175 SGB IX definiert.

e. Weitere Ausnahmetatbestände nach § 173 SGB IX

Der besondere Kündigungsschutz gilt nicht,

➤ **wenn das Arbeitsverhältnis zum Zeitpunkt des Zugangs der Kündigung ohne Unterbrechung noch nicht länger als sechs Monate besteht.**

Das Bundesarbeitsgericht hat mit Urteil vom 21. April 2016[78] noch zur bis 2017 geltenden Vorgängernorm § 84 SGB IX klargestellt, dass **Arbeitgeber nicht verpflichtet** sind, **vor dem Ausspruch einer Kündigung eines Arbeitsverhältnisses mit einem schwerbehinderten Beschäftigten innerhalb einer vertraglich vereinbarten Probezeit von sechs Monaten ein Präventionsverfahren nach § 167 SGB IX durchzuführen**, um Maßnahmen zu erörtern, die es ermöglichen, das Arbeitsverhältnis möglichst dauerhaft fortzusetzen, und diskriminierungsrechtliche Ansprüche zu vermeiden. Ein unterlassenes Präventionsverfahren hat weder kündigungsrechtlich noch diskriminierungsrechtlich nachteilige Rechtsfolgen für Arbeitgeber.

> **HINWEIS:** Das **Landesarbeitsgericht Köln[79] widerspricht** der Auffassung des Bundesarbeitsgerichts.

Das Landesarbeitsgericht Köln vertritt die Ansicht, es ergebe sich weder aus dem Wortlaut noch aus der Auslegung des § 167 SGB IX eine zeitliche Begrenzung auf die Zeit nach der Probezeit. Vielmehr sei der Arbeitgeber verpflichtet, bei auftretenden Schwierigkeiten bereits innerhalb der ersten sechs Monate ein Präventionsverfahren durchzuführen.

Mit der Einführung des § 167 SGB IX im Jahr 2017 habe der Gesetzgeber den präventiven Schutz von schwerbehinderten Menschen am Arbeitsplatz stärken wollen. Dies gelte unabhängig davon, ob sich der Arbeitnehmer noch

---

[78] Az. 8 AZR 402/14.
[79] Urteil vom 12. September 2024, Az. 6 SLa 76/24.

in der Probezeit befinde. Aus der Vorschrift ergebe sich keine Ausnahmeregelung für die Wartezeit, sodass der Arbeitgeber grundsätzlich verpflichtet sei, das Präventionsverfahren auch während der Probezeit durchzuführen. Es nahm allerdings Beweiserleichterung zugunsten des Arbeitgebers vor.

Die gegen das Urteil zugelassene **Revision zum Bundesarbeitsgericht wurde eingelegt**[80]. Bis zur Entscheidung müssen Arbeitgeber sorgfältig abwägen und das Urteil bei Einstellungsentscheidungen ebenso wie bei der Vorbereitung von Probezeitkündigungen beachten.

> bei bestimmten anderen Kündigungen (**Vorliegen eines Sozialplans** oder aus **Witterungsgründen**, sofern zugunsten des Arbeitnehmers eine Wiedereinstellungszusage vorliegt.

> **bei Zeitverträgen**, denn diese laufen automatisch mit Fristablauf aus.

> **bei Aufhebungsverträgen**, da sie das Arbeitsverhältnis einvernehmlich beenden.

Die Vorschriften des besonderen Kündigungsschutzes finden zudem keine Anwendung, wenn die Schwerbehinderteneigenschaft des Arbeitnehmers im Zeitpunkt der Kündigung noch nicht durch einen Ausweis oder Bescheid nachgewiesen <u>und</u> nicht **offenkundig**[81] ist

---

[80] Anhängig unter Az. 2 AZR 271/24.

[81] Dafür muss die gesundheitliche Beeinträchtigung des Arbeitnehmers so dominieren, dass sie dem Arbeitgeber auch ohne medizinische Kenntnisse ohne weiteres auffällt. Zum anderen muss es für den Arbeitgeber offensichtlich sein, dass beim Arbeitnehmer einen GdB von wenigstens 50 festgestellt werden würde, etwa bei Taubheit, Verlust eines Beines oder Armes (siehe hierzu Bundesarbeitsgericht, Urteile vom 13. November 2011, Az. 8 AZR 608/10, Rn. 42 und vom 24. November 2005, Az. 2 AZR 514/04, Rn. 33 ff.). Der Arbeitnehmer trägt hierfür die Beweislast.

oder

das Versorgungsamt eine Feststellung wegen **fehlender Mitwirkung**[82] des Antragstellers nicht treffen konnte (§ 173 Absatz 3 SGB IX).

HINWEIS:	Der **besondere Kündigungsschutz gilt jedoch**, wenn der Antragsteller seinen Antrag auf Feststellung der Behinderung bzw. auf Gleichstellung **mindestens drei Wochen vor Zugang der Kündigungserklärung** ordnungsgemäß **gestellt haben**, der Bescheid aber noch nicht vorliegt, **er bei der Antragsbearbeitung jedoch mitgewirkt hat**, und die Schwerbehinderung oder Gleichstellung nach der Kündigung rückwirkend auf den Zeitpunkt vor Ausspruch der Kündigung festgestellt wurde oder wenn im Hinblick auf die Antragsablehnung bereits ein Widerspruchs- oder Klageverfahren anhängig ist (siehe hierzu bereits S. 55 f.).
	Hat der Beschäftigte noch nicht einmal einen entsprechenden Antrag gestellt, so kann er sich auf den Sonderkündigungsschutz auch dann nicht berufen, wenn die Schwerbehinderteneigenschaft später rückwirkend festgestellt wird.

7. Benachteiligungsverbot und behinderungsgerechte Beschäftigung und Arbeitsplatzgestaltung

Arbeitgeber dürfen schwerbehinderte Beschäftigte **nicht wegen ihrer Behinderung benachteiligen**, § 164 Absatz 2 SGB IX in Verbindung mit § 7 Allgemeines Gleichbehandlungsgesetz, AGG). Eine unterschiedliche Behandlung wegen der Behinderung kann jedoch zulässig sein, wenn eine Vereinbarung

---

[82] Z. B. durch Vorlage von ärztlichen Bescheinigungen und Duldung einer ärztlichen Untersuchung. Zur Mitwirkung s. auch Buchstabe c.).

oder eine Maßnahme die Art der von dem schwerbehinderten Menschen auszuübenden Tätigkeit betrifft und diese Tätigkeit bestimmte Anforderungen an die körperliche, geistige oder seelische Gesundheit stellt.

Schwerbehinderte und ihnen rechtlich gleichgestellte Beschäftigte haben gegenüber ihrem Arbeitgeber **Anspruch auf Beschäftigung, bei der sie ihre Fähigkeiten und Kenntnisse möglichst voll verwerten und weiterentwickeln können**, § 164 Absatz 4 Satz 1 Nr. 1 SGB IX.
Damit sollen Über-, aber auch Unterforderungen vermieden werden.

HINWEIS: Bei der **Prüfung**, ob der Anspruch auf behinderungsgerechte Beschäftigung gegenüber dem Arbeitgeber durchgesetzt werden kann und die Grenzen der Unzumutbarkeit für den Beschäftigten nicht überschreitet, kommt es immer auf den **Einzelfall** an.

Ein schwerbehinderter oder ein ihnen gleichgestellter Mensch hat gegenüber dem Arbeitgeber Anspruch auf eine **bevorzugte Berücksichtigung** bei **innerbetrieblichen Maßnahmen der beruflichen Bildung** zur Förderung seines beruflichen Fortkommens sowie auf **Erleichterungen** in zumutbarem Umfang **zur Teilnahme an außerbetrieblichen Maßnahmen der beruflichen Bildung**, § 164 Absatz 4 Nr. 3 SGB IX. Letzteres kann dem Beschäftigten z. B. durch Übernahme von Fahrtkosten oder die Freistellung von der Arbeit zur Wahrnehmung der Fortbildungsmaßnahme erleichtert werden.

Die **Arbeitsplätze sind** – unter Inanspruchnahme insbesondere der Fördermöglichkeiten der Agentur für Arbeit, der Rentenversicherung und der Integrationsämter – **behinderungsgerecht zu gestalten und mit den erforderlichen technischen Hilfsmitteln auszustatten**. Dabei sind besondere **Unfallgefahren** am Arbeitsplatz und im Arbeitsumfeld **zu minimieren** (siehe dazu auch § 164 Absatz 4 Nr. 4 SGB IX).

HINWEIS: Insbesondere auch für Teilzeitbeschäftigte* kann das Recht auf behindertengerechte Arbeitsplatzgestaltung eine Alternative zur Befreiung von Mehrarbeit bieten, da dies auch die **behinderungsgerechte Gestaltung der Arbeitszeit** (§ 164 Absatz 4 Nr. 4 SGB IX) beinhaltet.

*Teilzeitbeschäftigt ist ein Arbeitnehmer, dessen regelmäßige wöchentliche Arbeitszeit kürzer ist als die eines vergleichbaren vollzeitbeschäftigten Betriebsangehörigen, siehe auch Fußnote 31.

TIPP: Es empfiehlt sich, mit dem behandelnden (Fach-) Arzt die behinderungsbedingte Notwendigkeit einer bestimmten Arbeitsplatzgestaltung zu sprechen und sich die Notwendigkeit ggf. attestieren zu lassen.

8. Mehrarbeit, Überstunden, Nacht- und Schichtarbeit

a. Mehrarbeit

Schwerbehinderte und ihnen gleichgestellte Arbeitnehmer müssen **auf** ihr **Verlangen** hin **von Mehrarbeit freigestellt** werden, siehe hierzu § 207 SGB IX. Dies gilt auch für Beamte[83].

Von **Mehrarbeit** im arbeitsrechtlichen Sinn spricht man, wenn die normale gesetzliche **Arbeitszeit von acht Stunden**, wie sie im Arbeitszeitgesetz (§ 3 ArbZG) enthalten ist, **werktäglich überschritten** wird.[84] Es spielt dabei keine Rolle, wie lange die

---

[83] Bundesverwaltungsgericht, Urteile vom 29. Juli 2010, Az. 2 C 17.09; vom 30. Januar 2008, Az. 2 B 59.07, juris, Rn. 8; Hessischer Verwaltungsgerichtshof, Urteil vom 13. März 2007, Az. 1 UE 2040/06; Verwaltungsgericht Augsburg, Urteil vom 12. Dezember 2005, Az. Au 2 K 03.1105, juris, Rn. 9.

[84] Bundesarbeitsgericht, Urteile vom 8. November 1989, Az. 5 AZR 642/88, vom 3. Dezember 2002, Az. 9 AZR 462/01, und vom 21. November 2006, 9 AZR 176/06.

individuell vereinbarte oder die tarifliche Arbeitszeit ist.[85] **Pausen** unterbrechen die Arbeitszeit und werden nicht mitgerechnet Dies gilt unabhängig davon, ob die Pausenzeiten vom Arbeitgeber bezahlt werden oder nicht.

Auch **Bereitschaftsdienst ist Arbeitszeit** im Sinne des Gesetzes, denn der Arbeitgeber gibt vor, wo sich Arbeitnehmer während dieser Zeit aufhalten muss.

Bei einer **Rufbereitschaft** handelt es sich dagegen nicht immer um Mehrarbeit, weshalb schwerbehinderte Arbeitnehmer diese auch nicht grundsätzlich ablehnen können.[86]

Die Vorschrift des § 207 SGB IX stellt **kein Verbot der Mehrarbeit** dar. Es handelt sich vielmehr um eine **Schutzvorschrift**. Die Freistellung erfolgt deshalb nur, wenn der schwerbehinderte Beschäftigte dies ausdrücklich verlangt.

HINWEIS: Für die Befreiung von Mehrarbeit müssen keine Gründe genannt werden.

Die Freistellung von der Mehrarbeit tritt mit Zugang des möglichst schriftlich geltend gemachten Verlangens seitens des schwerbehinderten Beschäftigten ein. Der **Antrag** könnte z. B. wie folgt formuliert werden:

Freistellung von Mehrarbeit (§ 207 SGB IX)

Sehr geehrte Damen und Herren,

hiermit beantrage ich die Freistellung von Mehrarbeit. Ich bitte um sofortige Umsetzung.

Mit freundlichen Grüßen

Unterschrift

---

[85] Landesarbeitsgericht Nürnberg, Urteil vom 9. Januar 2007, Az. 7 Sa 79/06: Mehrarbeit liegt nicht bereits in der Überschreitung der vereinbarten persönlichen Teilarbeitszeit.
[86] Bundesarbeitsgericht, Urteil vom 27. Juli 2021, Az. 9 AZR 448/20.

Die Befreiungsmöglichkeit von Mehrarbeit **gilt sowohl** für schwerbehinderte als auch für ihnen gleichgestellte **Teilzeitbeschäftigte** (siehe bereits Hinweis, S. 62 oben).

b. Überstunden

Überstunden sind die Überschreitung der für den Arbeitnehmer aufgrund Arbeitsvertrages, einer Betriebsvereinbarung oder eines Tarifvertrages geltenden regelmäßigen Arbeitszeit[87]. Sie ergeben sich, wenn der Arbeitgeber anordnet, dass im Anschluss an die regelmäßige Arbeitszeit die Arbeit fortzusetzen ist oder wenn der Arbeitgeber vorgeschriebene Pausen nicht gewährt.

Sie können abgelehnt und verweigert werden, wenn keine tarifvertragliche, betriebliche (Betriebs- bzw. Dienstvereinbarung) oder arbeitsvertragliche Verpflichtung besteht, denn der Arbeitgeber darf nur in diesem rechtlichen Rahmen Weisungen erteilen (§ 106 Gewerbeordnung, GewO).

Die Anordnung von Überstunden muss zudem immer dem

---

[87] Bundesarbeitsgericht, Urteil vom 9. Juli 2003, Az.: 5 AZR 610/01.

Grundsatz der sogenannten **Billigkeit** (§ 315 BGB) entsprechen, d. h. der Arbeitgeber muss vor deren Anordnung die beiderseitigen Interessen abwägen („billiges Ermessen").

Zulässig angeordnete Überstunden darf der schwerbehinderte oder gleichgestellte Arbeitnehmer zwar **nicht generell ablehnen.** Ist er allerdings aufgrund der Art und Schwere seiner Behinderung nicht imstande, mehr als die vereinbarte reguläre Teil-Arbeitszeit zu leisten, muss er keinerlei Überstunden ableisten.

Leistet der Beschäftigte allerdings ständig eine bestimmte Arbeitszeit, die mit der betriebsüblichen oder tariflichen Arbeitszeit nicht übereinstimmt, kann nicht mehr von Überstunden gesprochen werden.[88]

c. Nachtarbeit und Schichtdienst

Schwerbehinderte Menschen haben grundsätzlich keinen Anspruch auf Befreiung von Nachtarbeit oder Schichtdienst.

Im Einzelfall kann sich jedoch die **Unzumutbarkeit für Nachtarbeit** ergeben, wenn der Beschäftigte aus gesundheitlichen Gründen, die mit seiner Schwerbehinderung im Zusammenhang stehen, nicht imstande ist, Nachtschichten zu leisten, denn schwerbehinderte Menschen haben nach § 164 Absatz 4 Nr. 4 SGB IX u. a. einen einklagbaren Anspruch auf behinderungsgerechte Gestaltung der Arbeitszeit, soweit dessen Erfüllung für den Arbeitgeber nicht unzumutbar oder mit unverhältnismäßigen Aufwendungen verbunden ist.

Gleiches gilt für eine **Schichtdiensttätigkeit.**[89]

HINWEIS: Die Rechtsansprüche aus den Schutzvorschriften zu Gunsten der schwerbehinderten Menschen

---

[88] Wie vorgehend.

[89] § 164 Absatz 4 Nr. 4 SGB IX und dazu Bundesarbeitsgericht, Urteil vom 3. Dezember 2002, Az. 9 AZR 462/01, sowie § 106 Satz 3 Gewerbeordnung (GewO) – Pflicht des Arbeitgebers zur Rücksichtnahme auf Behinderungen des Arbeitnehmers.

gehen einer vertraglichen Vereinbarung vor.

Ablehnen kann der Arbeitgeber diesen Anspruch nur, wenn er konkret darlegen kann, warum die Erfüllung dieses Anspruchs für ihn unzumutbar oder aber mit unverhältnismäßigen Aufwendungen verbunden ist.

9. Anspruch auf Teilzeitarbeit

a. Teilzeitbeschäftigungsanspruch des an MS erkrankten Arbeitnehmers (bislang weder schwerbehindert noch gleichgestellt)

Im Teilzeit- und Befristungsgesetz (TzBfG, § 8) ist geregelt, dass Arbeitgeber ihren Mitarbeitern unter bestimmten Voraussetzungen die Reduzierung der Arbeitszeit ermöglichen müssen.

➢ Nach **mindestens sechsmonatiger Dauer des Arbeitsverhältnisses** kann ein Arbeitnehmer seine Arbeitszeit verringern. Ist der Arbeitnehmer beispielsweise drei Monate im Betrieb und weiß er zu diesem Zeitpunkt schon, dass er in einem halben Jahr nur noch Teilzeit arbeiten möchte, muss er den Ablauf der sechs Monate dennoch abwarten, bevor er den entsprechenden Antrag stellen kann.

➢ Zum **Schutz „kleinerer" Arbeitgeber** gilt der Anspruch allerdings **nur in Unternehmen mit in der Regel mehr als 15 Mitarbeitern.**

➢ Der Arbeitnehmer muss den Anspruch auf Verkürzung seiner Arbeitszeit und den Umfang spätestens **drei Monate vor deren Beginn** formlos schriftlich oder mündlich geltend machen.

HINWEIS: Wird der Antrag im Rahmen der Elternzeit gestellt, verkürzt sich die Frist auf sieben Wochen.

➢ Ein Antrag auf Teilzeitarbeit kann **außerhalb der Elternzeit** zudem nur **einmal alle zwei Jahre** gestellt werden.

Während der Elternzeit kann der Teilzeitanspruch hingegen **zweimal** geltend gemacht werden, ist **jedoch nur zwischen 15 und 30 Wochenstunden und für mindestens zwei Monate möglich**.

Bei der Geltendmachung sollte der Arbeitnehmer die gewünschte Verteilung der Arbeitszeit bereits angeben.

Teilzeitantrag

Sehr geehrte Damen und Herren,

hiermit beantrage ich die Verringerung meiner regelmäßigen Arbeitszeit ab dem (Datum) von (Anzahl) Stunden (derzeitige Wochen- oder Monats- oder Jahresarbeitszeit) auf (Anzahl). Stunden (neue gewünschte Arbeitszeit) und eine Verteilung der neuen Arbeitszeit wie folgt: (angeben)

Sollten der Umsetzung meines Arbeitszeitwunsches betriebliche Gründe entgegenstehen, beantrage ich hilfsweise eine Verringerung auf (Anzahl) Stunden und/oder eine Verteilung wie folgt (Uhrzeiten angeben).

Ich bitte Sie um Ihre schriftliche Bestätigung.

Sollten Sie Einwände gegen meine Arbeitszeitwünsche haben, bitte ich Sie um ein klärendes Gespräch.

Mit freundlichen Grüßen

Unterschrift

Der gewünschte Beginn der Arbeitszeitreduzierung muss mindestens drei Monate nach erfolgter Antragstellung liegen.

TIPP: Bevor Sie eine Arbeitszeitverkürzung beantragen, sollten Sie sich unbedingt mit den finanziellen Folgen befassen. Dabei geht es nicht nur um die Höhe des künftigen Teilzeitgehalts, sondern auch um die **langfristigen Konsequenzen**. Seien Sie sich bewusst, dass – zumindest bei einer längeren Teilzeitbeschäftigung – der Arbeitslosengeldanspruch sinkt. Außerdem führt die Teilzeitbeschäftigung zu Einbußen bei der Altersrente, wenn die Verkürzung der Arbeitszeit nicht durch anrechenbare Erziehungszeiten ausgeglichen werden kann.

Wenn Sie Ihre Arbeitszeit deshalb reduzieren, weil sich Ihr Gesundheitszustand verändert hat *(Zunahme der MS-Symptomatik)*, sollten Sie zunächst das Gespräch mit dem behandelnden (Fach-)Arzt suchen und mit ihm das Thema „Antrag auf Rehabilitation (Reha)" erörtern.

Schlussendlich kann ein mit einer Arbeitszeitreduzierung verbundener Einkommensverlust möglichweise durch eine Teilerwerbsminderungsrente abgemildert werden.

Der **Arbeitgeber kann** den **Teilzeitwunsch** schriftlich und **spätestens einen Monat vor dem gewünschten Termin ablehnen**, wenn **dringende betriebliche Gründe** vorliegen (z. B. die Art der Arbeit bestimmte Mindestzeiten erfordert oder eine Teilung des Arbeitsplatzes technisch nicht möglich ist). Es reicht hierbei allerdings nicht aus, wenn der Arbeitgeber sich pauschal auf eine durch die Teilzeit entstehende Änderung der Arbeitsorganisation als Ablehnungsgrund beruft.
Da es sich um eine Einwendung des Arbeitgebers handelt, trägt er die Darlegungs- und auch die Beweislast.

b. Teilzeitbeschäftigungsanspruch des schwerbehinderten und des ihnen gleichgestellten Arbeitnehmers

Neben diesem allgemeinen Anspruch auf unbefristete Teilzeitarbeit haben schwerbehinderte und ihnen gleichgestellte Arbeitnehmer **zudem auch nach dem SGB IX** einen durchsetzbaren **Rechtsanspruch auf Teilzeitarbeit**, wenn die kürzere Beschäftigung wegen Art oder Schwere der Behinderung notwendig ist und sie dies nachweisen können.

Der Anspruch auf Reduzierung der Arbeitszeit ist allerdings ausgeschlossen, *„soweit seine Erfüllung für den Arbeitgeber* nicht zumutbar oder mit unverhältnismäßigen Aufwendungen verbunden wäre oder soweit die staatlichen oder berufsgenossenschaftlichen Arbeitsschutzvorschriften oder beamtenrechtliche Vorschriften entgegenstehen", § 164 Absatz 5 Satz 3 in Verbindung mit Absatz 4 Satz 3 SGB IX.

HINWEIS: Wenn die gesetzlichen Voraussetzungen vorliegen, entsteht der Anspruch auf Reduzierung der Arbeitszeit unmittelbar, d. h. eine Zustimmung des Arbeitgebers ist nicht erforderlich. Dennoch ist es ratsam, im Vorfeld zusammen mit dem Arbeitgeber auf eine einvernehmliche Regelung des Teilzeitwunsches hinzuwirken, ggf. unter Einbeziehung der betrieblichen Schwerbehindertenvertretung und/oder auch unter Einbeziehung des Integrationsamtes.

c. Feiertagsvergütung im Teilzeitarbeitsverhältnis

Grundsätzlich hat ein Arbeitnehmer Anspruch auf Fortzahlung seines Gehalts, wenn die Arbeit infolge eines Feiertags ausgefallen ist, § 2 Entgeltfortzahlungsgesetz (EntgFG).

Teilzeitkräften steht ein Anspruch auf Fortzahlung von Feiertagsvergütung zu, wenn sie an dem jeweiligen Feiertag gemäß der vertraglichen Vereinbarung oder des Dienstplans hätten arbeiten müssen.

Dies kann bei Teilzeitkräften, die lediglich z. B. mittwochs, donnerstags und freitags arbeiten müssen, dazu führen, dass sie wegen vieler auf einen Donnerstag fallender Feiertage öfter nicht arbeiten.

In diesem Fall können Arbeitgeber und Arbeitnehmer vereinbaren, dass dieser Tag an einem anderen Tag derselben Woche nachzuarbeiten ist. Dann muss der Arbeitgeber dem Arbeitnehmer allerdings einen Ausgleich dafür gewähren, dass dieser nie in den Genuss von Entgeltfortzahlung an Feiertagen kommt. Dieser erfolgt durch eine pauschale Feiertagsvergütung, die in einem solchen Fall zu zahlen ist.

BEISPIEL BEI BESTEHEN EINER VEREINBARUNG:

Der Arbeitnehmer arbeitet wöchentlich an 3 Tagen. Fällt ein Feiertag auf einen Arbeitstag, ist dieser Tag nachzuarbeiten.

Hier ist eine Pauschale zu zahlen, die sich wie folgt berechnet:

In einem Kalenderjahr beträgt die Zahl der Feiertage, die auf einen Wochentag fallen, z. B. 11 Tage.

Da der Arbeitnehmer an 3 von 6 Wochentagen arbeitet, steht ihm eine pauschale Abgeltung von 3/6 = 50 % Prozent dieser gesetzlichen Feiertage pro Jahr zu.

Es sind ihm somit im entsprechenden Kalenderjahr 5,5 zusätzliche Arbeitstage zu vergüten.

10. Integrationsfachdienst (IFD)

Integrationsfachdienste sind bei freien Trägern angesiedelte **Fachberatungsstellen**[90], die sowohl Arbeitnehmer als auch Arbeitgeber bei den unterschiedlichsten Fragen neutral und unparteiisch beraten, informieren und unterstützen, die sich im Zusammenhang mit der Neueinstellung und Beschäftigung (schwer-)behinderter Menschen ergeben. Sie handeln im Auftrag der Integrationsämter, Agenturen für Arbeit oder anderer Reha-Träger, die für die Ausführung der Leistung verantwortlich bleiben.

Im Einzelnen haben Integrationsfachdienste die Aufgaben,

- die Fähigkeiten der zugewiesenen schwerbehinderten Menschen zu bewerten und dabei ein individuelles Fähigkeits-, Leistungs- und Interessenprofil zu erarbeiten (vgl. Profilmethode),

- die Bundesagentur für Arbeit auf deren Anforderung bei der Berufsorientierung und Berufsberatung in den Schulen

---

[90] Integrationsfachdienste sind im gesamten Bundesgebiet eingerichtet. In jedem Bezirk einer Agentur für Arbeit ist mindestens ein solcher Dienst vorhanden.

zu unterstützen,

- die betriebliche Ausbildung schwerbehinderter, insbesondere seelisch und lernbehinderter Jugendlicher zu begleiten,

- geeignete Arbeitsplätze auf dem allgemeinen Arbeitsmarkt zu akquirieren und zu vermitteln,

- die schwerbehinderten Menschen auf die vorgesehenen Arbeitsplätze vorzubereiten,

- die schwerbehinderten Menschen am Arbeitsplatz – soweit erforderlich – begleitend zu betreuen,

- die Vorgesetzten und Kollegen im Arbeitsplatzumfeld zu informieren,

- für eine Nachbetreuung, Krisenintervention oder psychosoziale Betreuung zu sorgen,

- als Ansprechpartner für die Arbeitgeber zur Verfügung zu stehen.

11. Schwerbehindertenvertretung und Inklusionsvereinbarung[91]

In Betrieben und Dienststellen, in denen nicht nur vorübergehend[92] fünf oder mehr schwerbehinderte bzw. ihnen gleichgestellte Arbeitnehmer beschäftigt sind, werden alle vier Jahre **Schwerbehindertenvertretungen** gewählt (§ 177 SGB IX).

Die Schwerbehindertenvertretung vertritt die Interessen der schwerbehinderten und gleichgestellten Arbeitnehmer gegenüber dem Betrieb oder der Dienststelle, fördert deren Eingliederung und steht ihnen beratend sowie helfend zur Seite.

---

[91] Früher Integrationsvereinbarung. „Inklusion" bedeutet als Gegenbegriff zu Exklusion die Einbeziehung von Menschen in die Gesellschaft. Die Vielfalt aller Menschen wird als Normalität angesehen.
[92] D. h. länger als sechs Monate.

Daneben nimmt sie Anregungen und Beschwerden von Schwerbehinderten entgegen und wirkt durch Verhandlung mit dem Arbeitgeber auf eine Erledigung hin (§ 178 Absatz 1 SGB IX). Sie besteht aus einer **Vertrauensperson und wenigstens einem stellvertretenden Mitglied**, das die Vertrauensperson im Falle der Verhinderung durch Abwesenheit oder Wahrnehmung anderer Aufgaben vertritt (§ 177 Absatz 1 Satz 1 SGB IX).

Die Vertrauensperson übt ihr Amt ehrenamtlich aus (§ 179 Absatz 1 SGB IX) und hat die gleiche Rechtsstellung, insbesondere den gleichen Kündigungs-, Versetzungs- und Abordnungsschutz, wie die Mitglieder des Betriebs-/Personalrates[93].

Im Unterschied zum Betriebs-/Personalrat hat die Schwerbehindertenvertretung keine echten Mitbestimmungsrechte.

Der Arbeitgeber hat die Schwerbehindertenvertretung aber in allen Angelegenheiten, die einen einzelnen Schwerbehinderten oder die schwerbehinderten Menschen als Gruppe berühren,

- unverzüglich und umfassend zu unterrichten,
- vor einer Entscheidung anzuhören und
- ihr die getroffene Entscheidung unverzüglich mitzuteilen

(§ 178 Absatz 2 Satz 1 SGB IX).

Eine Verletzung dieser Pflicht führt in der Regel zur Unwirksamkeit der Maßnahme.

Anhörungspflichtig sind insbesondere Einstellung, Versetzung, Umgruppierung und Kündigung[94] von schwerbehinderten und gleichgestellten Arbeitnehmern. Die getroffene Entschei-

---

[93] Betriebsrat bzw. Personalrat. Einen Betriebsrat gibt es in der Privatwirtschaft, der Personalrat wird im öffentlichen Dienst gewählt.
[94] Erstmals ab dem 1. Januar 2018 hat die Schwerbehindertenvertretung ein „starkes" Anhörungsrecht, wenn es um arbeitgeberseitig geplante Kündigungen schwerbehinderter Menschen geht, siehe hierzu auch Ausführungen auf S. 48 f.

dung ist der Schwerbehindertenvertretung unverzüglich mitzuteilen.

Unterbleibt die Anhörung, so ist die Durchführung oder Vollziehung der getroffenen Entscheidung auszusetzen (§ 178 Absatz 2 Satz 2 SGB IX); die Anhörung ist innerhalb von sieben Tagen nachzuholen, sodann ist endgültig zu entscheiden (§ 178 Absatz 2 Satz 2 SGB IX). Wird die Schwerbehindertenvertretung dennoch nicht beteiligt, so ist die Maßnahme des Arbeitgebers trotz dessen Zuwiderhandlung wirksam. [95]

Die Schwerbehindertenvertretung darf an allen **Sitzungen des Betriebsrats** beratend teilnehmen (§ 178 Absatz 4 SGB IX). Das gilt unabhängig davon, ob Fragen schwerbehinderter Arbeitnehmer anstehen und welche Themen auf der Tagesordnung stehen (§ 32 Betriebsverfassungsgesetz, BetrVG).

Bereits durch die Gesetzesänderung zum 1. Juli 2001 haben die **Schwerbehindertenvertretungen** u. a. auch das **Recht auf Einsicht in die Bewerbungsunterlagen** und auf **Teilnahme** am Vorstellungsgespräch.

Das Gesetz verpflichtet den Arbeitgeber zur Verhandlung über eine **Inklusionsvereinbarung** mit der Schwerbehindertenvertretung (§ 166 Absatz 1 SGB IX) und dem Betriebsrat.

Die Inklusionsvereinbarung beinhaltet Regelungen über die Eingliederung Schwerbehinderter, insbesondere zur Personalplanung, Arbeitsplatzgestaltung, Gestaltung des Arbeitsumfelds, Arbeitszeit und Arbeitsorganisation.

In ihr werden die betriebliche Organisation und ihre Entscheidungsträger auf klar verständliche und messbar formulierte Ziele festgelegt.

Über diesen Mindestinhalt hinaus können auch weitere Regelungen getroffen werden. Das Gesetz zählt hier beispielhaft

---

[95] Insofern stellt sich das Aussetzungsrecht als ein *„stumpfes Schwert"* dar.

einige Themen auf wie z. B.

- zur angemessenen Berücksichtigung schwerbehinderter Menschen bei der Besetzung freier, freiwerdender oder neuer Stellen,

- zu einer anzustrebenden Beschäftigungsquote, einschließlich eines angemessenen Anteils schwerbehinderter Frauen,

- zu Teilzeitarbeit,

- zur Ausbildung behinderter Jugendlicher,

- zur Durchführung der betrieblichen Prävention (betriebliches Eingliederungsmanagement) und zur Gesundheitsförderung,

- über die Hinzuziehung des Werks- oder Betriebsarztes auch für Beratungen über Leistungen zur Teilhabe sowie über besondere Hilfen im Arbeitsleben.

Zur Unterstützung an den Verhandlungen über eine Integrationsvereinbarung kann das Integrationsamt eingeladen werden.

Nach § 179 Absatz 4 Satz 1 SGB IX werden **Vertrauenspersonen** von ihrer beruflichen Tätigkeit ohne Minderung der Vergütung befreit, "*wenn und soweit es zur Durchführung ihrer Aufgaben erforderlich ist*". Wer z. B. im Rahmen eines Betrieblichen Eingliederungsmanagements (BEM)[96] oder einer Sitzung des Betriebsrats tätig wird, kann sich von seiner Arbeit abmelden.

Sind in den Betrieben und Dienststellen in der Regel wenigstens 100[97] schwerbehinderte Menschen beschäftigt, wird die Vertrauensperson auf ihren Wunsch dauerhaft freigestellt; weitergehende Vereinbarungen sind zulässig.

Sowohl die Vertrauenspersonen als auch ihr **erster gewählter**

---

[96] Siehe dazu XIII, S. 91.
[97] Statt wie bisher 200 schwerbehinderte Beschäftigte.

Vertreter haben einen Anspruch auf den Besuch von Fortbildungsveranstaltungen (§ 179 Absatz 4 Satz 3 SGB IX). Dies gilt auch für weitere Stellvertreter, wenn sie nach § 178 Absatz 1 Satz 5 SGB IX zur Wahrnehmung von Aufgaben der Schwerbehindertenvertretung herangezogen werden.

IV. Weitere Nachteilsausgleiche und Teilhabeleistungen im Überblick

1. Leistungen an Menschen mit Behinderung

Schwerbehinderte oder ihnen gleichgestellte behinderte Arbeitnehmer können zudem eine Vielzahl von Nachteilsausgleichen für sich in Anspruch nehmen.

Nachteilsausgleiche dienen dazu, behinderungsbedingte Nachteile so weit wie möglich auszugleichen. Entscheidend sind daher die individuellen Bedürfnisse des betroffenen Arbeitnehmers.

Neben dem Schutz im Arbeitsleben, dem Zusatzurlaub und dem Sonderkündigungsschutz und dem umfassenden Beratungs- und Informationsangebot des Integrationsamtes sowie der Agentur für Arbeit sind weitere Nachteilsausgleiche denkbar, z. B. steuerliche Erleichterungen[98].

Im Neunten Sozialgesetzbuch (SGB IX) sind zudem **Leistungen zur Rehabilitation und Teilhabe** für Beschäftigte mit Behinderung vorgesehen, durch die begleitende Bedarfe im Alltag abgedeckt werden.

Das Gesetz unterscheidet zwischen folgenden **fünf Leistungsgruppen**, § 5 SGB IX:

* Leistungen zur medizinischen Reha,
* Leistungen zur Teilhabe am Arbeitsleben,
* unterhaltssichernde und andere ergänzende Leistungen,

---

[98] Siehe Anhang 5, S. 121 ff.

- Leistungen zur Teilhabe an Bildung und

- Leistungen zur sozialen Teilhabe.

Im Bedarfsfall werden z. B. berufsbezogene Hilfsmittel und technische Arbeitshilfen zur barrierefreien Gestaltung des Arbeitsumfeldes; Kraftfahrzeughilfen für die Beschaffung eines Kraftfahrzeuges, für eine behinderungsbedingte Zusatzausstattung, den Erwerb einer Fahrerlaubnis; Kosten für Beförderungsdienste; Fahrassistenz; betriebliches Arbeitstraining; Wohnungshilfen; Hilfen in besonderen Lebenslagen); Gebühren für einen Parkplatz an der Arbeitsstätte; Vergünstigungen bei der Nutzung des öffentlichen Personennahverkehrs gewährt[99].

Je nach persönlicher Situation und Einsatzzweck können verschiedene Kostenträger zuständig sein.[100]

HINWEIS:	Bei Fragen zur beruflichen Teilhabe, Arbeitsplatzanpassung, Finanzierung oder Antragstellung können folgende **Ansprechpartner** weiterhelfen:

o Betriebliches Integrationsteam,

o Integrationsamt, technische Berater

o Integrationsfachdienste,

o Reha-Teams der Agentur für Arbeit

o Reha-Berater/Reha-Manager (Rentenversicherung, Unfallversicherung),

o Handwerkskammern/ Industrie- und Handelskammern,

o Berufsförderungswerke, Berufsbildungswerke,

o Ansprechpartner in Kliniken.

---

[99] Siehe auch ZB Info: „Leistungen für Menschen mit Schwerbehinderung im Beruf", Stand: Januar 2025, nachfolgend XVIII, S. 106.
[100] Zu möglichen Kostenträgern siehe Anhang 10, S. 143 ff.

2. Leistungen für Arbeitgeber

Es gibt zudem zahlreiche Leistungen, die Arbeitgeber erhalten können. Dazu gehören finanzielle Förderungen (z. B. Zuschüsse zur behinderungsgerechten Arbeitsgestaltung durch technische oder bauliche Maßnahmen; Zuschüsse zur Ausbildung; Übernahme der Kosten für eine befristete Probebeschäftigung; Eingliederungszuschüsse) und wiederum Beratungs- und Informationsangebote (z. B. in Form von Informationsveranstaltungen; Lehrgängen und Seminaren, insbesondere für Schwerbehindertenvertretungen und Inklusionsbeauftragte des Arbeitgebers; Schriften des Integrationsamts; digitale Angebote).

Für Arbeitgeber ist in der Regel die Agentur für Arbeit bei Maßnahmen zur Erlangung eines Arbeitsplatzes oder das Integrationsamt für Arbeitnehmer, die schwerbehindert oder gleichgestellt sind, zuständig.[101]

3. Ausgleiche bei Prüfungen/Fortbildungen

§ 65 Absatz 1 Berufsbildungsgesetz (BBiG) und § 42l Handwerksordnung (HwO) sehen ferner vor, dass Menschen mit einer Behinderung in einer Erstausbildung einen Nachteilsausgleich bei der Durchführung von Prüfungen in der beruflichen Bildung geltend machen können. Für Fortbildungen, einschließlich der industriellen Meisterprüfungen, und Umschulungen finden sich Regelungen in § 67 BBiG/§ 42n HwO. Auch seitens der zuständigen Kammern sind entsprechende Nachteilsausgleiche für das Erbringen von Leistungsnachweisen zu gewähren.

In den allgemeinen Bestimmungen der Magister- und Diplomprüfungsordnungen sind ebenfalls Regelungen enthalten, die einen Ausgleich behinderungsbedingter Nachteile in Prüfungen vorsehen.

---

[101] Siehe Fußnoten 99 und 100, S. 76.

V. Der Arbeitsschutz

Für Arbeitgeber besteht zudem die Verpflichtung, Arbeitssicherheits- und Gesundheitsschutzmaßnahmen zu prüfen, und zwar unabhängig von der Anzahl der Mitarbeiter oder deren Behinderung (§ 5 Arbeitsschutzgesetz – ArbSchG, Berufsgenossenschaftliche Vorschrift, Unfallverhütungsvorschrift – Grundsätze der Prävention – BGV A1[102]).

Hinzu kommen zahlreiche Spezialgesetze und Verordnungen für Einzelbranchen, darunter das Arbeitssicherheits- und das Arbeitszeitgesetz, die Betriebssicherheits- und die Bildschirmarbeitsplatzverordnung, das Jugendarbeitsschutzgesetz, die Unfallverhütungsvorschriften oder die Gefahrstoffverordnung.

HINWEIS: Um Fehler zu vermeiden, sollten sich Arbeitnehmer vor Arbeitsbeginn umfassend erkundigen, welche Gefahren am Arbeitsplatz drohen können und welche Sicherheitsmaßnahmen zu beachten sind. Wer Sicherheitsmängel feststellt, sollte das umgehend dem Arbeitgeber mitteilen - und ebenso dem Betriebsrat, falls im Unternehmen vorhanden.

VI. Die (Neu-)Besetzung freier Arbeitsplätze

Bei der (Neu-)Besetzung freier Arbeitsplätze sind Arbeitgeber verpflichtet zu prüfen, ob diese mit schwerbehinderten Menschen, insbesondere mit bei der Agentur für Arbeit arbeitslos oder arbeitsuchend gemeldeten schwerbehinderten Menschen, besetzt werden können. Auch Vorschläge der Agentur für Arbeit oder der Integrationsfachdienste sind zu berücksichtigen.

---

[102] Deutsche Gesetzliche Unfallversicherung e. V. (DGUV) Vorschrift 1, Ausgabe: November 2013, gültig ab 1. August 2014, zu beziehen bei Ihrem zuständigen Unfallversicherungsträger oder unter: https://publikationen.dguv.de/.

Darüber hinaus müssen Arbeitgeber die Arbeitsplätze für schwerbehinderte Menschen an die individuellen Bedürfnisse der jeweiligen Person anpassen.

Die **Pflichten betreffen alle Arbeitgeber**, und zwar unabhängig davon, ob sich ein schwerbehinderter Mensch beworben hat oder bei seiner Bewerbung auf diesen Status als schwerbehinderter Mensch hingewiesen hat.

VII. Der an MS erkrankte Arbeitnehmer (bislang weder schwerbehindert noch gleichgestellt) im Bewerbungsverfahren

Chronische Erkrankungen wie z. B. MS sind für viele Arbeitgeber nach wie vor ein „rotes Tuch". Bei Bewerbern, die in der Vergangenheit häufiger oder langfristig gesundheitlich beeinträchtigt waren, wird schnell unterstellt, dass dies auch in Zukunft so sein wird. Es liegt daher nahe, Krankheiten im Vorstellungsgespräch zu verschweigen oder bei entsprechenden Fragen nicht wahrheitsgemäß zu antworten. Das ist allerdings nur unter bestimmten Voraussetzungen erlaubt.

1. Fragerecht des Arbeitgebers im Bewerbungsgespräch oder im Personalfragebogen und die Auskunftspflichten des Arbeitnehmers

Da der Arbeitgeber ein berechtigtes und schützenswertes Interesse daran hat, dass ein Bewerber die Stellenanforderungen auch erfüllen kann, und er gesetzlich dazu verpflichtet ist, seine Mitarbeiter und Dritte (z. B. Kunden oder Patienten) vor Gesundheitsgefahren zu schützen, **darf er danach fragen, ob der Bewerber an Beeinträchtigungen** (gleich welcher Art: physisch, psychisch usw.) **leidet, durch die er zur Verrichtung der in Aussicht genommenen Tätigkeit ungeeignet ist** (tätigkeitsbezogenes Fragerecht[103]).

---

[103] Die Frage muss also auf Umstände zielen, deren Kenntnis für die angestrebte Beschäftigung relevant ist (enger Arbeitsplatzbezug).

Wenn dies der Fall ist, muss der an MS erkrankte Bewerber also wahrheitsgetreu auf diese Frage antworten.[104] Je weniger dies der Fall ist, umso eher ist die gestellte Frage unzulässig, vgl. Art. 2 Absatz 1 Grundgesetz (GG)[105].

Ganz allgemein gehaltene Fragen zu Krankheiten wie z. B. die Fragen: *„Wie oft waren Sie krank?"* oder *„Welche Erkrankungen hatten Sie in der Vergangenheit?"* oder *„Gibt es gesundheitliche Einschränkungen aktuell und/oder wiederkehrend? Wenn ja, welche?"*, **die keinen Bezug zum angebotenen Arbeitsplatz haben, müssen an MS erkrankte Bewerber grundsätzlich nicht beantworten.**

TIPP: Es ist allerdings nicht empfehlenswert, die Antwort zu verweigern oder den Gesprächspartner darauf hinzuweisen, dass seine Frage unzulässig ist, weil das die Atmosphäre empfindlich stören dürfte.

Es dürfte besser sein, bei solchen Fragen freundlich zu bleiben bzw. diplomatisch zu flunkern, z. B. mit der Antwort: *„Bis jetzt geht es mir glücklicherweise gut"* oder *„Inwieweit wäre das denn relevant für die Stelle, die zu besetzen ist?"*

In den meisten Bewerbungsgesprächen werden unzulässige Fragen glücklicherweise nicht gestellt.

---

[104] Wenn sich ein Arbeitnehmer ausdrücklich verpflichtet, als Frachtabfertiger in Nacht- und Wechselschicht zu arbeiten, aber unmittelbar nach Aufnahme der Tätigkeit dem Arbeitgeber eine ärztliche Bescheinigung vorlegt, aus der sich ergibt, dass ein genereller Verzicht auf Nachtarbeit aus ärztlicher Sicht dringend geboten ist, kann dieser den Arbeitsvertrag wegen arglistiger Täuschung des Arbeitnehmers über seine Einsatzfähigkeit anfechten (so Hessisches Landesarbeitsgericht, Urteil vom 21. September 2011, Az. 8 Sa 109/11.
[105] Wortlaut: *„Jeder hat das Recht auf die freie Entfaltung seiner Persönlichkeit, soweit er nicht die Rechte anderer verletzt und nicht gegen die verfassungsmäßige Ordnung oder das Sittengesetz verstößt."*

Das Allgemeine Gleichbehandlungsgesetz (AGG) hat zulässige Fragen nochmals eingegrenzt. Die Anforderungen sind gestiegen, wenn die Frage auf Feststellungen von Behinderung zielt (§ 8 Absatz 1).

2. Offenbarungspflichten des Arbeitnehmers

Der Arbeitnehmer muss nur dann ungefragt auf gesundheitliche Beeinträchtigungen hinweisen, wenn er damit rechnen muss, dass er infolge der Erkrankung seiner Arbeitspflicht im Zeitpunkt des Beginns des Arbeitsverhältnisses nur eingeschränkt oder nicht nachkommen kann[106] oder wenn er möglicherweise an einer ansteckenden Krankheit leidet, die der Erbringung der geschuldeten Arbeitsleistung entgegensteht.

Die Offenbarungspflicht unterliegt allerdings noch engeren Grenzen als das Fragerecht des Arbeitgebers.

VIII. Der schwerbehinderte oder einem schwerbehinderten Menschen gleichgestellte Bewerber

Arbeitgeber sind nach § 154 SGB IX grundsätzlich verpflichtet eine bestimmte Anzahl an schwerbehinderten Menschen zu beschäftigen.

1. Bewerbungsschreiben

Teilt der Bewerber seine Schwerbehinderung oder Gleichstellung im Bewerbungsverfahren mit, muss der Arbeitgeber – falls vorhanden – den Betriebsrat, Personalrat, Mitarbeitervertretung und die Schwerbehindertenvertretung unverzüglich darüber unterrichten und diesen die Bewerbungsunterlagen vorlegen, vgl. § 164 Absatz 1 Satz 4 SGB IX.

---

[106] Das gilt z. B. für einen Bäcker, der unter einer Mehlstauballergie leidet oder für einen MS-Erkrankten, der das Arbeitsverhältnis aufgrund konkret anstehender Behandlungen gar nicht antreten kann.

Dies gilt auch für die Vermittlungsvorschläge seitens der Agentur für Arbeit oder der Integrationsfachdienste.

Sofern der Arbeitgeber den Hinweis des Bewerbers auf die Schwerbehinderteneigenschaft oder Gleichstellung übersieht und deshalb gegen seine Pflichten verstößt, wird eine Benachteiligung wegen einer Behinderung vermutet. Das kann erhebliche Schadensersatzforderungen nach dem Allgemeinen Gleichbehandlungsgesetz (AGG) nach sich ziehen.

Keine Verpflichtung zur Weiterleitung von Bewerbungsunterlagen besteht allerdings bei Initiativbewerbungen schwerbehinderter oder gleichgestellter Menschen, wenn beim Arbeitgeber keine freien Arbeitsplätze zur Verfügung stehen.

2. Bewerbungsgespräch

a.) Einladung

Private Arbeitgeber sind grundsätzlich **nicht verpflichtet**, schwerbehinderte oder ihnen gleichgestellte Menschen zum **Vorstellungsgespräch** einzuladen.

Etwas anderes kann sich aber z. B. aus einer **Inklusionsvereinbarung** ergeben.
Hierbei handelt es sich um einen **Vertrag** zwischen dem Arbeitgeber auf der einen und der Schwerbehindertenvertretung und dem Betriebsrat auf der anderen Seite mit dem Ziel, die Integration schwerbehinderter Menschen im Betrieb zu fördern (siehe dazu § 166 SGB IX).

Private Arbeitgeber sind allerdings dazu verpflichtet, den Betriebsrat bzw. die Schwerbehindertenvertretung unverzüglich über die eingegangenen Bewerbungen schwerbehinderter oder ihnen gleichgestellter Menschen oder die entsprechenden Vermittlungsvorschläge der Agentur für Arbeit zu unterrichten (§ 164 Absatz 1 Satz 4 SGB IX). Außerdem müssen sie prüfen, ob freie Arbeitsplätze mit schwerbehinderten oder ihnen gleichgestellten Menschen besetzt werden können.

Öffentliche Arbeitgeber hingegen sind gemäß § 165 SGB IX dazu **verpflichtet**, schwerbehinderte oder ihnen gleichgestellte Menschen, die sich auf einen Arbeitsplatz beworben haben oder die von der Agentur für Arbeit zur Besetzung dieses Arbeitsplatzes vorgeschlagen wurden, **einzuladen**.

Nur wenn der Bewerber offensichtlich nicht über die fachliche Eignung verfügt, ist eine Einladung entbehrlich.

Die Nichteinladung kann eine rechtswidrige Benachteiligung auf Grund einer Behinderung im Sinne des Allgemeinen Gleichbehandlungsgesetzes (AGG) darstellen, die im Falle einer fristgerechten Klage des Bewerbers zum Anspruch auf Schadenersatz führen kann.

HINWEIS: Schwerbehinderte oder ihnen gleichgestellte Bewerber die von der „Pflicht öffentlicher Arbeitgeber zur Einladung zum Vorstellungsgespräch" Gebrauch machen wollen, sollten in ihren Bewerbungsunterlagen deutlich auf diesen Umstand hinweisen und evtl. einen entsprechenden **Nachweis, allerdings ohne Diagnosenennung!** - beilegen.

b.) Die tätigkeitsneutrale Frage nach der Schwerbehinderteneigenschaft oder Gleichstellung

Vor dem Inkrafttreten des AGG erachtete die höchstrichterliche Rechtsprechung die **abstrakte Frage nach der Schwerbehinderung oder Gleichstellung** lange generell für zulässig. Mit dem Inkrafttreten des AGG müssen Bewerber eine entsprechende Frage jedoch grundsätzlich nicht mehr wahrheitsgemäß beantworten.

Im Hinblick auf das vom Gesetzgeber ausdrücklich normierte Verbot der Diskriminierung behinderter und schwerbehinderter Menschen wird die **tätigkeitsneutrale, also die ganz allgemeine Frage nach der Behinderung** (*„Sind Sie schwerbehindert?" Oder „Sind Sie einem schwerbehinderten Menschen gleichgestellt?"*) nun als **unzulässig** eingestuft[107].

FOLGE: Diese Fragen müssen nicht wahrheitsgemäß beantwortet werden (*„Recht zur Lüge"*).

Nur wenn Personen mit einer Behinderung **für den konkreten Arbeitsplatz objektiv ungeeignet sind**, werden diese Fragen von der Rechtsprechung als zulässig erachtet.

Umgekehrt darf gefragt werden, wenn ein behinderter Stellenbewerber im Einstellungsverfahren bevorzugt eingestellt werden soll. Dann liegt es am einzelnen Bewerber, ob er die Behinderung offenlegt oder ggf. in Kauf nimmt, nicht begünstigt zu werden.

c. Die tätigkeitsbezogene Frage nach dem Gesundheitszustand

Zulässig ist auch die Frage, ob der Bewerber an gesundheitlichen, seelischen oder ähnlichen **Beeinträchtigungen** leidet, **durch die er zur Verrichtung der beabsichtigten vertraglichen Tätigkeit ungeeignet ist**[108].

Das ist ein anderer Anknüpfungspunkt als die abstrakte Frage nach einer Schwerbehinderung oder auch nur einer Behinderung. Hat der Arbeitgeber wegen der konkreten Anforderungen des Arbeitsplatzes ein besonderes Informationsbedürfnis, geht es also um die Einsetzbarkeit des Stellenbewerbers, ist die Frage zuzulassen.

---

[107] Arbeitsgericht Hamburg, Urteil vom 27. Juni 2017, Az. 20 Ca 22/17.
[108] Vgl. Bundesarbeitsgericht, Urteil vom 11. November 1993, Az. 2 AZR 467/93.

Das tätigkeitsbezogene Fragerecht ist darauf beschränkt, dass sich der Arbeitgeber beim Bewerber danach erkundigen darf, ob eine Beeinträchtigung vorliegt *(gleich welcher Art: physisch, psychisch usw.)*, die der Ausübung der beruflichen Tätigkeit entgegensteht.

Beispiele für mögliche Fragen, mit denen Arbeitgeber ermitteln wollen, ob der Bewerber für die konkrete Tätigkeit geeignet ist oder nicht[109]:

> ➢ Liegt eine **(akute) Krankheit** bzw. eine Beeinträchtigung des Gesundheitszustandes (z. B. Allergie) vor, durch die die Eignung für die vorgesehene Tätigkeit[110] auf Dauer oder in periodisch wiederkehrenden Abständen eingeschränkt ist?

> ➢ Liegen **ansteckende Krankheiten** vor, die zwar nicht die Leistungsfähigkeit beeinträchtigen, jedoch die zukünftigen Kollegen oder Kunden gefährden können?

> ➢ **Ist zum Zeitpunkt des Dienstantritts bzw. in absehbarer Zeit mit einer Arbeitsunfähigkeit zu rechnen**, beispielsweise aufgrund einer geplanten Operation, einer bewilligten Reha-Maßnahme oder auch durch eine zurzeit bestehende akute Erkrankung?

Fragen nach früheren (ausgeheilten[111]) Erkrankungen greifen in das Persönlichkeitsrecht des Arbeitnehmers ein und sind unzulässig. Sie müssen daher nicht wahrheitsgemäß beantwortet werden. Es besteht kein betriebliches Interesse an der Kenntnis bereits überwundener Krankheiten.

---

[109] Urteil des Bundesarbeitsgerichts vom 7. Juni 1984, Az. 2 AZR 270/80.

[110] Z. B. MS-Erkrankung mit Fatigue im Außendienst, MS-bedingte Gleichgewichts- und Koordinationsstörungen bei Arbeiten auf Gerüsten o. ä.

[111] Z. B. viele Infektionskrankheiten, Knochenbrüche oder erfolgreich therapierte Tumorleiden.

IX. Die Situation des Arbeitnehmers im bestehenden Arbeitsverhältnis im Zeitpunkt (...)

1. NACH dem Erwerb des Sonderkündigungsschutzes

Im bestehenden Arbeitsverhältnis ist jedenfalls nach sechs Monaten, also nach dem Erwerb des Sonderkündigungsschutzes für behinderte Menschen, die **Frage des Arbeitgebers nach der Schwerbehinderung** grundsätzlich zulässig.[112]

Das gilt insbesondere, wenn der Arbeitgeber die Frage im Zusammenhang mit einem angekündigten Stellenabbau stellt. Verneint ein schwerbehinderter Arbeitnehmer im Rahmen eines geplanten Personalabbaus auf Nachfrage des Arbeitgebers seine Behinderung, so kann er sich im Falle einer Kündigung nicht mehr auf seine Behinderung berufen.

Die Frage nach der Schwerbehinderung im Vorfeld einer vom Arbeitgeber beabsichtigten Kündigung steht im Zusammenhang mit der Pflichtenbindung des Arbeitgebers durch die Anforderungen des Kündigungsschutzgesetzes, der die Berücksichtigung der Schwerbehinderung bei der Sozialauswahl verlangt sowie durch den Sonderkündigungsschutz, wonach eine Kündigung der vorherigen Zustimmung des Integrationsamtes bedarf. Sie soll es dem Arbeitgeber ermöglichen, sich rechtstreu zu verhalten.

2. VOR dem Erwerb des Sonderkündigungsschutzes

Ob vor dem Erwerb des Sonderkündigungsschutzes eine Mitteilungspflicht besteht, wird derzeit intensiv diskutiert.

M. E. besteht zu diesem Zeitpunkt noch keine Mitteilungspflicht. Es wäre demzufolge auch eine routinemäßige Frage des Arbeitgebers unzulässig; sie würde dem Beschäftigten ein

---

[112] Vgl. hierzu Urteil des Bundesarbeitsgerichts vom 16. Februar 2012, Az. 6 AZR 553/10.

sogenanntes **Recht zur Lüge** geben. Dies wiederum bedeutet, dass die falsche Antwort auf eine unzulässige Frage keine negative Folgen haben darf.

Wer sich gegen die Mitteilung seiner Schwerbehinderteneigenschaft entscheidet, z. B. auch weil der Arbeitgeber nicht danach gefragt hat, verzichtet allerdings auf die an die Schwerbehinderung geknüpften Schutzrechte.

HINWEIS: Die Vorschriften des SGB IX können nur greifen, wenn dem Arbeitgeber die Schwerbehinderung des Arbeitnehmers bekannt ist.

X. Rechtsfolgen eines Verstoßes gegen Mitteilungspflichten

Beantwortet der Arbeitnehmer eine zulässige Frage des Arbeitgebers wahrheitswidrig oder teilt der Arbeitnehmer einen offenbarungspflichtigen Umstand nicht von sich aus mit, **kann der Arbeitgeber den Arbeitsvertrag regelmäßig wegen arglistiger Täuschung (§ 123 BGB) anfechten**.

HINWEIS: Eine Täuschung kann durch aktives Tun, Behaupten, Unterdrücken oder Entstellen von Tatsachen, aber auch durch Unterlassen erfolgen. Der die Täuschungshandlung begehende Arbeitnehmer muss beim Arbeitgeber einen Irrtum über den wahren Sachverhalt herbeigeführt haben.

Die Anfechtung muss **innerhalb eines Jahres nach Kenntnis der Täuschung** (§ 124 BGB) dem Arbeitnehmer gegenüber (§ 143 Absatz 1 BGB) erklärt werden.

Zehn Jahre nach erfolgter Täuschung ist eine Anfechtung nicht mehr möglich (§ 124 Absatz 3 BGB). Die durch das Schuldrechtsmodernisierungsgesetz ab dem 1. Januar 2002 eingeführte Frist hat die frühere 30-Jahres-Frist abgelöst.

Die **Anfechtungserklärung beendet** entgegen § 142 Absatz 1

BGB das **Arbeitsverhältnis erst mit dem Zugang der Erklärung.**
Bis dahin wird das Arbeitsverhältnis als **voll wirksames fakti-sches Arbeitsverhältnis** angesehen[113], denn der Arbeitneh-mer muss darauf vertrauen können, dass ihm sein Lohnan-spruch für in der Vergangenheit geleistete Arbeit nicht rück-wirkend wieder entzogen werden kann. Dies gilt im Übrigen auch für seine Urlaubsansprüche.

Eine Rückwirkung der Anfechtung auf den Zeitpunkt des Au-ßervollzugsetzens kommt allein dann in Betracht, wenn das Arbeitsverhältnis nie aufgenommen oder außer Funktion ge-setzt (z. B. suspendiert) war[114].

XI. Die ärztliche Einstellungsuntersuchung

Die ärztliche **Einstellungsuntersuchung** ist grundsätzlich nur in dem Rahmen zulässig, in welchem dem Arbeitgeber auch ein Fragerecht zukäme.

Sie ist zudem grundsätzlich freiwillig.

Es gibt allerdings Situationen, in denen der Arbeitgeber vom Bewerber eine gesundheitliche Untersuchung verlangen darf.
Das kann z. B. der Fall sein, wenn der Arbeitsplatz besondere gesundheitliche Anforderungen an den Bewerber stellt (z. B. bei der Personenbeförderung als Busfahrer, Lokführer oder Pi-lot, beim Umgang mit Gefahrstoffen/mit Strahlung oder Tätig-keiten im Lebensmittelbereich), oder wenn der Arbeitgeber begründete Zweifel an der gesundheitlichen Eignung eines Bewerbers im Hinblick auf die Arbeitsplatzanforderungen hat. Auch Jugendliche unter 18 Jahren müssen vor Aufnahme ei-ner Berufstätigkeit zwingend von einem Arzt untersucht wer-den (§ 32 Jugendarbeitsschutzgesetz, JArbSchG).

---

[113] Ständige Rechtsprechung des Bundesarbeitsgerichts, siehe be-reits Urteil vom 15. November 1957, Az. 1 AZR 189/57.
[114] Bundesarbeitsgericht, Urteile vom 7. Juni 1984, Az. 2 AZR 270/83, und vom 3. Dezember 1998, Az. 2 AZR 754/97.

Die Einstellungsuntersuchung muss **„im berechtigten Interesse des Arbeitgebers"** liegen[115]. Dabei muss die Erhebung von Gesundheitsdaten nach Art und Ausmaß verhältnismäßig sein.

Gesundheitsbezogene Fragen, die im **direkten Zusammenhang mit der Tätigkeit** stehen, müssen wahrheitsgemäß beantwortet werden, also

- Fragen zur gesundheitlichen Eignung für die angestrebte Tätigkeit (z. B. *„Liegt eine Krankheit vor, durch die die Ausübung der Tätigkeit dauerhaft oder wiederholt eingeschränkt ist?"*),
- Fragen zu Risiken für Dritte,
- Fragen zu gesundheitlichen Beschwerden, die innerhalb der nächsten sechs Monate zur Arbeitsunfähigkeit führen könnten.

Der untersuchende Arzt unterliegt der **Schweigepflicht**, § 203 Strafgesetzbuch (StGB), § 8 Absatz 1 Arbeitssicherheitsgesetz (ASiG). Gegenüber dem Arbeitgeber darf er nur eine **Gesamtbeurteilung** hinsichtlich *„geeignet", „bedingt geeignet"* oder *„vorübergehend nicht geeignet* oder *„dauerhaft nicht geeignet"* aussprechen und keine Aussagen zu Diagnosen (z. B. Multiple Sklerose), Krankheitsverläufen, Kinderkrankheiten, Schwangerschaft machen.

Die Ergebnisse und Befunde der Untersuchungen bleiben beim Arzt. Sie gehören nicht in die **Personalakte**, es sei denn, die **Zustimmung** des Bewerbers/Beschäftigten über eine umfassende Weitergabe der Untersuchungsergebnisse liegt vor.

Es kommt vor, dass Arbeitgeber versuchen, im Rahmen des Arbeitsvertrages eine pauschale Entbindung von der Schweigepflicht für den Betriebsarzt zu erlangen. Das ist nicht erlaubt. Nur eine auf den Einzelfall bezogene Schweigepflichtentbindung durch den Arbeitnehmer ist zulässig.

---

[115] Vgl. Urteil des Bundesarbeitsgerichts vom 23. Februar 1967, Az. 2 AZR 124/66.

XII. Die Einstellung in das Beamtenverhältnis

Die Einstellung in das Beamtenverhältnis erfolgt nach **Eignung**, **Befähigung** und **fachlicher Leistung**.

Zur Eignung gehört neben der persönlichen und charakterlichen auch die **gesundheitliche Eignung**.

Bereits im Juli 2013 hat das Bundesverwaltungsgericht[116] die gesundheitlichen Anforderungen an die Einstellung in das Beamtenverhältnis **deutlich abgesenkt** und damit vielen Bewerbern eine Chance zur Übernahme in das Beamtenverhältnis eröffnet. Es hat klargestellt, dass Voraussetzung für eine Verbeamtung eine gesundheitliche Eignung zum Zeitpunkt der Einstellung ist.[117] Darüber hinaus ist eine **Prognose** erforderlich, die den Zeitraum bis zum Erreichen der gesetzlichen Altersgrenze erfassen muss. Die gesundheitliche Eignung kann nur verneint werden, wenn tatsächliche Anhaltspunkte die Annahme rechtfertigen, dass **mit überwiegender Wahrscheinlichkeit** vor Erreichen der gesetzlichen Altersgrenze Dienstunfähigkeit eintreten wird.

Die **Beweislast** für das Vorliegen eines gesundheitlichen Risikos, die bisher beim Bewerber lag, wurde auf den Dienstherrn verlagert. Auf der Grundlage einer **„fundierten medizinischen Tatsachenbasis"** muss dieser die überwiegende Wahrscheinlichkeit eines vorzeitigen Ausscheidens plausibel zu machen.

---

[116] Urteile vom 25. Juli 2013, Az. 2 C 12.11 und Az. 2 C 18.12.

[117] Zuvor war die Voraussetzung nur dann gegeben, wenn aufgrund einer anzustellenden Prognose davon ausgegangen werden konnte, dass Bewerber im Falle einer Einstellung mit einem hohen Grad an Wahrscheinlichkeit die gesetzliche Altersgrenze im aktiven Dienst erreichen und nicht vorzeitig wegen Dienstunfähigkeit ausscheiden würden. Damit war fast jedes gesundheitliche Risiko ein Ablehnungsgrund. Auf den gesundheitlichen Zustand zum Zeitpunkt der Bewerbung kam es nicht an. Ein weniger strenger Maßstab galt lediglich bei Schwerbehinderten und diesen gleichgestellten Bewerbern.

Für anerkannt schwerbehinderte oder gleichgestellte Bewerber gilt ein noch weiter abgesenkter Maßstab. Von diesen Bewerbern darf bei der Einstellung nur das Mindestmaß körperlicher Eignung verlangt werden. Danach reicht es aus, wenn eine Prognose dahingehend gestellt werden kann, dass voraussichtlich nicht innerhalb der nächsten fünf Jahre eine vorzeitige Dienstunfähigkeit eintreten wird.

Ein Bewerber darf wegen seiner Behinderung nur dann vom Einstellungsverfahren ausgeschlossen werden, wenn dienstliche Bedürfnisse eine dauerhafte Verwendung in dem angestrebten Amt zwingend ausschließen. Ein guter Gesundheitszustand ist z. B. bei der Polizei oder Feuerwehr unabdingbar.

XIII. Das Präventionsverfahren und das Betriebliche Eingliederungsmanagement (BEM)

1. Präventionsverfahren

Arbeitgeber müssen bei Eintreten von personen-, verhaltens- oder betriebsbedingten Schwierigkeiten im Arbeitsverhältnis, die zur Gefährdung dieses Verhältnisses führen können, **möglichst frühzeitig** die Schwerbehindertenvertretung und den Betriebs- oder Personalrat sowie das Integrationsamt einschalten, um mit ihnen alle Möglichkeiten und alle zur Verfügung stehenden Hilfen zur Beratung und mögliche finanzielle Leistungen zu erörtern, mit denen die Schwierigkeiten beseitigt werden können und das Arbeits- oder sonstige Beschäftigungsverhältnis fortgesetzt werden kann.

2. Betriebliches Eingliederungsmanagement

Waren Arbeitnehmer lange Zeit arbeitsunfähig krank, ist die Rückkehr an den Arbeitsplatz oft schwierig. Je länger die Abwesenheit andauert, desto schwieriger wird es möglicherweise werden. Vor diesem Hintergrund hat der Gesetzgeber bereits im Jahr 2004 das Betriebliche Eingliederungsmanagement (BEM) eingeführt.

Beim betrieblichen Eingliederungsmanagement[118] handelt es sich um ein Instrument der betrieblichen Gesundheitsvorsorge **für alle Beschäftigten**, nicht nur für behinderte Menschen[119], **die innerhalb eines Jahres ununterbrochen länger als sechs Wochen oder wiederholt arbeitsunfähig** sind.[120]

Entscheidend ist, dass die Zeiträume der Arbeitsunfähigkeit zusammengerechnet sechs Wochen innerhalb eines Jahres (nicht bezogen auf ein Kalenderjahr!) betragen.

Dabei werden alle Tage berücksichtigt, an denen der Arbeitnehmer arbeitsunfähig war – ob mit oder ohne Arbeitsunfähigkeitsbescheinigung. Zeiten einer medizinischen Reha werden ebenfalls mitgerechnet, wenn in dieser Zeit Arbeitsunfähigkeit bestand.

Es macht auch keinen Unterschied, ob die Krankheit arbeitsbedingt war oder einen privaten Hintergrund hatte, ob jemand Beamter oder Angestellter ist, eine Schwerbehinderung vorliegt oder ob jemand in Teilzeit, Befristung oder sonstigen vom Normalarbeitsverhältnis abweichenden Beschäftigungsformen beschäftigt ist.

Das BEM ist in § 167 Absatz 2 SGB IX geregelt und soll dazu beitragen, dass der Arbeitgeber bereits frühzeitig krankheitsbedingte Beeinträchtigungen der Beschäftigten, die zu Dauererkrankungen und Behinderung führen können, erkennt

---

[118] Zum Ablauf siehe Anhang 11, S. 147 f.

[119] Bundesarbeitsgericht, Urteil vom 12 Juli 2007, Az. 2 AZR 716/06.

[120] Da im Allgemeinen in der Fünf-Tage-Woche gearbeitet wird, ist die Frist nach 30 Arbeitstagen mit Arbeitsunfähigkeit erreicht. Das gilt auch dann, wenn die betroffene Person teilzeitbedingt z. B. an zwei Tagen in der Woche arbeitet. Auch hier ist die 6-Wochen-Frist erreicht, wenn die betroffene Person an 30 allgemeinen Arbeitstagen arbeitsunfähig ist.

und diesen entgegentritt. Das Fortschreiten gesundheitsbeeinträchtigender Prozesse, soll verringert, aufgehalten bzw. verhindert sowie gesundheitsgefährdende Belastungen abgebaut werden.

Maßnahmen können z. B. sein:

➲ Veränderung der Arbeitsorganisation,

➲ ergonomische Verbesserung des Arbeitsplatzes,

➲ technische Umrüstung des Arbeitsplatzes,

➲ Veränderung der Arbeitszeit,

➲ medizinische Reha (ambulant oder stationär),

➲ muskuläre Trainingsmaßnahmen, z. B. Physiotherapie,

➲ Arbeitsversuch unter vereinbarten Bedingungen,

➲ Belastungserprobung,

➲ Stufenweise Wiedereingliederung,

➲ (vorübergehende) Arbeitsassistenz,

➲ Vermittlung zusätzlicher Beratungs- und Betreuungsangebote,

➲ Konfliktmanagement,

➲ Psychosoziale Betreuung,

➲ Umsetzung innerhalb des Betriebes,

➲ Weiterbildung,

➲ Qualifizierungsmaßnahme(-n),

➲ Schaffung eines neuen Arbeitsplatzes, Neuorientierung,

➲ Unterstützung und Begleitung eines Arbeitsplatzwechsels.

Im betrieblichen Eingliederungsmanagement sind **zwei Grundsätze** verankert: **Freiwilligkeit** und **Vertrauen.**

Arbeitnehmer brauchen somit nur teilzunehmen, wenn sie es wollen, und sie müssen auch nur das offenbaren, was sie für notwendig halten. Betroffene sollten allerdings alle Möglichkeiten ausschöpfen, ihrer erneuten Arbeitsunfähigkeit vorzubeugen und den Arbeitsplatz zu erhalten.

HINWEIS: In einem etwaigen Kündigungsschutzprozess ist es ansonsten nicht auszuschließen, dass die Ablehnung dem Betroffenen zum Nachteil ausgelegt wird, aktiv nicht alles getan zu haben, um dem krankheitsbedingten Verlust des Arbeitsplatzes vorzubeugen.

Da der Gesetzgeber für jeden Arbeitgeber ein BEM vorsieht, unabhängig von der Betriebsgröße und Branche, sind nicht nur Groß- und Mittelbetriebe davon betroffen, sondern **auch Kleinbetriebe** (siehe dazu S. 40), die regelmäßig auf eine externe Unterstützung angewiesen sind, auch um einen Überblick über das Angebot an (finanziellen) Hilfen zu erhalten.

HINWEIS: Unternimmt der Arbeitgeber nichts, können Arbeitnehmer ihn – sozusagen eigeninitiativ – auf die gesetzliche Verpflichtung hinweisen*. Es besteht allerdings **kein einklagbarer Anspruch!**

*TIPP: Wenn Ihnen das schwerfällt oder sich der Arbeitgeber weigert, wenden sich am besten an den Betriebs- oder Personalrat oder an die Schwerbehindertenvertretung. Auch der Betriebsarzt, die Reha-Träger oder das Integrationsamt bieten Ihnen Unterstützung an.
Die Reha-Träger können für Arbeitnehmer auch Verhandlungen mit dem jeweiligen Arbeitgeber über notwendige Reha-Maßnahmen oder Veränderungen am Arbeitsplatz führen.

Wenn der Arbeitgeber das Verfahren dennoch nicht durchführt, folgen daraus zwar keine unmittelbaren Sanktionen. Das Bundesarbeitsgericht[121] hat allerdings die kündigungsschutzrechtliche Bedeutung des Verfahrens herausgearbei-

---

[121] Urteil vom 10. Dezember 2009, Az. 2 AZR 400/08; so auch Urteil des Landesarbeitsgerichts Rheinland-Pfalz vom 10. Januar 2017, Az. 8 Sa 359/16.

tet. Danach ist die Durchführung eines BEM zwar keine formelle Wirksamkeitsvoraussetzung für den Ausspruch einer krankheitsbedingten Kündigung. Die Verpflichtung des Arbeitgebers, ein BEM durchzuführen, stellt aber eine Konkretisierung des dem gesamten Recht des Kündigungsschutzes innewohnenden Verhältnismäßigkeitsgrundsatzes dar. Verzichten Arbeitgeber vor Ausspruch einer krankheitsbedingten Kündigung darauf, diese milderen Alternativen zur Kündigung zu identifizieren, liegt bei ihnen die Beweislast, dass auch bei Durchführung des Verfahrens das Arbeitsverhältnis nicht hätte erhalten werden können.

Dies gilt allerdings nicht für **Kleinbetriebe**.[122]

Fragen mit denen Beschäftigte im BEM-Gespräch rechnen müssen:

Gibt es einen Zusammenhang zwischen Fehlzeiten und Arbeitsplatz? Hier kann z. B. erörtert werden, welche Tätigkeiten unter welchen Bedingungen wie lange ausgeführt oder nicht ausgeführt werden können.

TIPP: Sie sollten diese Frage nicht verneinen, denn sonst kann der Arbeitgeber nichts zur Rettung Ihres Arbeitsplatzes unternehmen!

Können wir aus Ihrer Sicht etwas für Sie tun, damit Sie wieder zur Arbeit kommen? Wie kann der Arbeitsplatz umgestaltet werden? Hilft es, Ihnen einen anderen Arbeitsplatz zuzuweisen?

TIPP: Sie sollten diese Fragen mit „JA" antworten und selbst konkrete Vorschläge machen, denn diese muss der Arbeitgeber prüfen.

---

[122] vgl. Landesarbeitsgericht Schleswig-Holstein, Urteil vom 17. 11. 2005, Az. 4 Sa 328/05.

Der Arbeitnehmer sollte alle ihm sinnvoll erscheinenden Gesichtspunkte und Lösungsmöglichkeiten in das Gespräch einbringen.

Möchte der Arbeitgeber Vorschläge nicht umsetzen, muss er dies begründen.

HINWEIS: Diagnosen oder Krankheitsursachen dürfen im BEM-Gespräch nicht abgefragt werden!

Auf derartigen Fragen müssen Arbeitnehmer nicht antworten und sollten es zumindest nicht leichtfertig tun!

Da jede MS-Erkrankung anders ist und individuelle Lösungen zur Änderung des Arbeitsplatzes entstehen sollen, sind verschiedene Ergebnisse denkbar, z. B.:

➢ eine Reduzierung der Arbeitszeit

➢ ein Umbau des Arbeitsplatzes

➢ die Anschaffung von technischen Arbeitshilfen

➢ die Versetzung in einen anderen Arbeitsbereich

oder

➢ eine stufenweise Wiedereingliederung

HINWEIS: Schwerbehinderte und ihnen gleichgestellte Beschäftigte haben einen Anspruch auf Zustimmung des Arbeitgebers zur stufenweisen Wiedereingliederung, wenn ein Wiedereingliederungsplan mit allen aus ärztlicher Sicht zulässigen Arbeiten und eine Prognose darüber vorliegt, ob und wann mit der vollen oder teilweisen Arbeitsfähigkeit zu rechnen ist.

Arbeitgeber können die stufenweise Wiedereingliederung eines schwerbehinderten oder gleichgestellten Beschäftigten wegen Unzumutbarkeit nur in Einzelfällen ablehnen.

Das **Ergebnis** des BEM-Verfahrens kann nur mit Zustimmung der/des Betroffenen umgesetzt werden.

Damit endet das BEM jedoch noch nicht. **Im Anschluss** daran ist zu prüfen, ob die Maßnahme die gewünschten Ergebnisse im Hinblick auf den Gesundheitszustand erzielt hat.

Gelingt es trotz eines intensiven betrieblichen Eingliederungsmanagements nicht, erneute Erkrankungen zu vermeiden, kann es schlimmstenfalls zu **krankheitsbedingten Kündigungen** kommen.

Wenn keine Möglichkeit zu einer angemessenen Weiterbeschäftigung im Betrieb gefunden wird, bietet das Verfahren allerdings auch den Raum, die Rahmenbedingungen etwa für eine **Umschulung** oder einen **Übergang in die Berentung** zu finden.

XIV. Die Beschäftigung schwerbehinderter Menschen und die Ausgleichsabgabe

Private und öffentliche Arbeitgeber mit **jahresdurchschnittlich monatlich mindestens 20 Arbeitsplätzen** im Sinne des § 156 SGB IX sind verpflichtet, schwerbehinderte Menschen beschäftigen, § 164 SGB IX. Wird die gesetzlich vorgeschriebene Quote nicht erfüllt, wird eine **monatliche Ausgleichsabgabe** fällig.

Ab dem **1. Januar 2025** gelten hierfür folgende Sätze, die erstmalig zum 31. März 2025 von den Unternehmen entrichtet werden, die laut Anzeigeverfahren keinen schwerbehinderten Menschen beschäftigen.

Zudem gibt es Änderungen bei der Mehrfachanrechnung.

Für jeden unbesetzten Pflichtarbeitsplatz müssen Unternehmen daher nach § 160 SGB IX **für das Anzeigejahr 2024** monatlich folgende Beträge zahlen:

- 140 Euro bei einer Beschäftigungsquote von 3 Prozent bis unter 5 Prozent

- 245 Euro bei einer Beschäftigungsquote von 2 Prozent bis unter 3 Prozent

- 360 Euro bei einer Beschäftigungsquote von über 0 Prozent bis unter 2 Prozent

- 720 Euro bei einer Beschäftigungsquote von 0 Prozent

Für **Arbeitgeber mit mindestens 20 und weniger als 40 bzw. 60 zu berücksichtigenden Arbeitsplätzen** ergeben sich folgende monatliche Beträge:

Weniger als 40 Arbeitsplätze:

- 140 Euro bei weniger als einem schwerbehinderten Menschen (nicht ganzjährig)

- 210 Euro bei keinem schwerbehinderten Menschen

Weniger als 60 Arbeitsplätze:

- 140 Euro bei weniger als zwei schwerbehinderten Menschen

- 245 Euro bei weniger als einem schwerbehinderten Menschen

- 410 Euro bei keinem schwerbehinderten Menschen

Die für das **Anzeigenjahr 2025** geltende und **erstmalig zum 31. März 2026** für jeden unbesetzten Pflichtarbeitsplatz zu entrichtende monatliche Ausgleichsabgabe beträgt:

- 155 Euro (statt 140 Euro) bei einer Beschäftigungsquote von 3 Prozent bis unter 5 Prozent

- 275 Euro (statt 245 Euro) bei einer Beschäftigungsquote von 2 Prozent bis unter 3 Prozent

- 405 Euro (statt 360 Euro) bei einer Beschäftigungsquote von 0 Prozent bis unter 2 Prozent

- 815 Euro (statt 720 Euro) bei einer Beschäftigungsquote von 0 Prozent

Für **Arbeitgeber mit mindestens 20 und weniger als 40 bzw. 60 Arbeitsplätzen** im Jahr ergeben sich folgende monatliche Beträge:

Weniger als 40 Arbeitsplätze:

- Weniger als zwei schwerbehinderte Menschen: 140 Euro
- Weniger als ein schwerbehinderter Mensch: 155 Euro (statt 140 Euro)
- Null schwerbehinderte Menschen: 235 Euro (statt 210 Euro)

Weniger als 60 Arbeitsplätze:

- Weniger als zwei schwerbehinderte Menschen: 155 Euro (statt 140 Euro)
- Weniger als ein schwerbehinderter Mensch: 275 Euro (statt 245 Euro)
- Null schwerbehinderte Menschen: 465 Euro (statt 410 Euro)

Aus der Ausgleichsabgabe finanziert das Integrationsamt die Hilfen für schwerbehinderte Menschen im Arbeitsleben.

Damit schafft die Abgabe einen finanziellen Ausgleich zwischen Arbeitgebern, die ihre Beschäftigungspflicht erfüllen, und denen, die dies nicht tun.

Die weiteren Einzelheiten über die Verwendung der Ausgleichsabgabe sind in der Schwerbehinderten-Ausgleichsabgabeverordnung (SchwbAV) geregelt.

XV. Formerleichterungen bei Arbeitsverträgen

Zum 1. Januar 2025 sind neue Regelungen im Arbeitsrecht in Kraft getreten, um den administrativen Aufwand für Arbeitgeber reduzieren und Arbeitsprozesse durch Digitalisierung effizienter zu gestalten. Hintergrund ist das am 29. Oktober im Bundesgesetzblatt verkündete Vierte Bürokratieentlastungsgesetz (BEG).[123]

Insbesondere sollen Arbeitgeber durch vereinfachte Dokumentations- und Nachweispflichten unterstützt werden.

Die nachstehende Aufstellung gibt einen Überblick über formale Anforderungen zahlreicher Dokumente und zur Form, bei der folgende Unterscheidungen relevant sind:

- **Schriftform, § 126 BGB:** von dem Aussteller eigenhändig durch Namensunterschrift („wet ink"[124]) oder mittels notariell beglaubigten Handzeichens unterzeichnet

- **Elektronische Form, § 126a BGB:** qualifizierte elektronische Signatur. Hierbei handelt es sich um eine Signatur auf einem hohen Sicherheitsniveau, die auf einem qualifizierten Zertifikat beruhen muss, das von einem qualifizierten Vertrauensdiensteanbieter ausgestellt wurde, der die Anforderungen der eIDAS-VO[125] erfüllt, und mit einer qualifizierten elektronischen Signaturerstellungseinheit (z. B. einer Signaturkarte) erzeugt sein.

- **Textform, § 126 b BGB:** Dazu muss

  - eine **lesbare Erklärung,**

---

[123] BGBl. 2024 I Nr. 323 vom 24. Oktober 2024. Änderungen betreffen zahlreiche arbeitsrechtliche Gesetze, darunter das Nachweisgesetz (NachwG), das Arbeitszeitgesetz (ArbZG), das Jugendarbeitsschutzgesetz, das Arbeitnehmerüberlassungsgesetz, das Bundeselterngeld- und Elternzeitgesetz (BEEG), das Mutterschutzgesetz (MuSchG) sowie das Familienpflegezeitgesetz (FPfZG). Auch Anpassung im SGB VI und der Gewerbeordnung (GO) gehören dazu.
[124] Englisch für „nasse Tinte".
[125] Die eIDAS-Verordnung (englisch für electronic IDentification, Authentication and trust Services) ist eine Verordnung der Europäischen Union, deren Ziel die Regelung von "elektronischen Identifizierungs- und Vertrauensdiensten für elektronische Transaktionen" ist.

- in der **die Person des Erklärenden** genannt ist,
- auf einem **dauerhaften Datenträger** abgegeben werden.

Erforderlich ist außerdem, dass

- dem **Empfänger** die an ihn persönlich gerichtete Erklärung zugeht,
- die Erklärung **gespeichert und unverändert wiedergegeben** werden kann.

Die Textform stellt damit wesentlich niedrigere Anforderungen als die Schriftform.

Dokument	Form (Unterscheidungen siehe S. 100)
einfacher Arbeitsvertrag Änderungsvertrag	Textform
Regelaltersrentenbefristung	Textform
Arbeitsvertrag mit Befristungsabrede	weiterhin Schriftform (ein Abschluss in Textform oder per E-Mail bewirkt keine wirksame Befristung)
Nachweis über wesentliche Vertragsbedingungen	Textform
Nachvertragliches Wettbewerbsverbot (regelmäßig im Arbeitsvertrag enthalten)	Schriftform
Arbeitszeugnis	Elektronische Form, wenn Arbeitnehmer zustimmt, sonst Schriftform
Abmahnung	keine Formvorgabe

Dokument	Form (Unterscheidungen siehe S. 100)
Aufhebungs-/Abwicklungsvertrag	Schriftform
Kündigung	Schriftform (Eine mündliche oder vom Arbeitgeber nicht eigenhändig unterschriebene Kündigung ist unwirksam. Eine Kündigung kann folglich auch nicht per SMS, E-Mail, Fax oder in anderer elektronischer Form erfolgen.)
Elternzeit/Elternteilzeit	noch bis zum 30.04.2025 Schriftform, dann Textform
Pflegezeit	Textform
Betriebsvereinbarungen	Schriftform
Wertguthabenvereinbarungen, § 7b SGB IV	Schriftform

Hat der Arbeitnehmer einen Arbeitsvertrag, jedoch keine Aushändigung der wesentlichen Arbeitsbedingungen entsprechend dem Katalog des Nachweisgesetzes (NachwG)erhalten, kann er diese vom Arbeitgeber fordern, und zwar digital oder ausdrücklich in Schriftform.

Von den Formerleichterungen sind die Wirtschaftsbereiche gemäß § 2 a Absatz 1 des Schwarzarbeitsbekämpfungsgesetzes jedoch ausgenommen:

- im Baugewerbe,

- im Gaststätten- und Beherbergungsgewerbe,

- im Personenbeförderungsgewerbe,
- im Speditions-, Transport- und damit verbundenen Logistik-gewerbe,
- im Schaustellergewerbe,
- bei Unternehmen der Forstwirtschaft,
- im Gebäudereinigungsgewerbe,
- bei Unternehmen, die sich am Auf- und Abbau von Messen und Ausstellungen beteiligen,
- in der Fleischwirtschaft,
- im Prostitutionsgewerbe,
- im Wach- und Sicherheitsgewerbe.

In diesen Branchen müssen Arbeitgeber weiterhin schriftlich im Original unterzeichnete Dokumente an Arbeitnehmer aushändigen.

XVI. Anlaufstellen für Arbeitnehmer und Arbeitgeber

Antrag auf Gleichstellung: Agentur für Arbeit.

Arbeitsrecht und Kündigungsschutz: Integrationsämter (für schwerbehinderte Menschen und Gleichgestellte).

Im Betrieb: Arbeitnehmervertretung *(falls vorhanden)*, Gewerkschaft *(bietet ihren Mitgliedern kostenfreien Arbeitsrechtsschutz)*, Schwerbehindertenvertretung, Agentur für Arbeit.

Fragen zur Rente: Auskunfts- und Beratungsstellen der Deutschen Rentenversicherung Bund (DRV), https://www.deutsche-rentenversicherung.de.

Finanzielle Leistungen bis zur Förderung der behindertenge-rechten Ausstattung des Arbeitsplatzes: Agentur für Arbeit, Integrationsämter, DRV.

Integrationsprojekte: Agentur für Arbeit, Integrationsfachdienste vor Ort.

Schwerbehindertenausweis: Versorgungsämter der Region/Landesämter für Soziales und Versorgung im Hinblick auf Antragstellung und Beratung, evtl. auch Integrationsfachdienste zur Beratung.

Schwierigkeiten am Arbeitsplatz: Agentur für Arbeit, Integrationsfachdienste, regionale Beratungsstellen der Deutschen Multiple Sklerose Gesellschaft (dmsg) e. V.

Verschwiegene Ansprechpartner im Betrieb: Betriebsrat, Behindertenvertreter und Vertrauensleute *(sie unterliegen allesamt der Schweigepflicht)*.

Wiedereingliederung in den Beruf, Berufsausbildung: Agentur für Arbeit, Integrationsfachdienste.

Thema Behinderung: Bundesministerium für Arbeit und Soziales über sein **Bürgertelefon**: 030 221911-006, Mo – Do, 8:00 Uhr – 20:00 Uhr.

XVII. Gesetze im Internet

Das **Bundesministerium der Justiz und für Verbraucherschutz** stellt in einem gemeinsamen **Projekt mit der juris GmbH** für interessierte Bürger nahezu das gesamte aktuelle Bundesrecht kostenfrei im Internet bereit.

Die Gesetze und Rechtsverordnungen können in ihrer geltenden Fassung abgerufen werden.

Sie nutzen das Internet gar nicht? Fragen Sie in einer Buchhandlung oder besuchen Sie eine Bücherei.

XVIII. Literatur- und Linktipps

1. Bundesministerium für Arbeit und Soziales (BMAS)

- Die Broschüre zur **Versorgungsmedizin-Verordnung** mit Anhängen, Stand: September 2024, Art.-Nr. K710, enthält in der Anlage die Grundsätze, nach denen begutachtet wird, wenn jemand die Feststellung einer Behinderung beantragt.

- Die Broschüre **„Rehabilitation und Teilhabe von Menschen mit Behinderungen"**, Stand: August 2024, Art.-Nr. 990, befasst sich mit Regelungen des Sozialrechts, die zugunsten der Menschen mit Behinderungen und von Behinderung bedrohte Menschen gezielt auf deren Selbstbestimmung und gleichberechtigte Teilhabe am Leben in der Gesellschaft ausgerichtet sind.

Wenn Sie Bestellungen aufgeben möchten:

Telefon: 030 18 272 272 1
Telefax: 030 18 10 272 272 1
Schriftlich: Publikationsversand der Bundesregierung,
              Postfach 48 10 09, 18132 Rostock
E-Mail: publikationen@bundesregierung.de
Internet: https://www.bmas.de/broschüren,
              dort auch zum Download

2. Publikationen der **Bundesarbeitsgemeinschaft der Integrationsämter und Hauptfürsorgestellen** (BIH), z. B.

- **ZB RECHT - Sozialgesetzbuch IX**

Rehabilitation und Teilhabe von Menschen mit Behinderungen (380 S.)

Inhalte:

- Sozialgesetzbuch (SGB) Neuntes Buch (IX) Teil 1-3
- Schwerbehinderten-Ausgleichsabgabeverordnung (SchwbAV)
- Wahlordnung Schwerbehindertenvertretung (SchwbVWO)
- Schwerbehindertenausweisverordnung (SchwbAwV)
- Werkstättenverordnung (WVO)
- Allgemeines Gleichbehandlungsgesetz (AGG)

Kostenfrei erhältlich bei Ihrem Integrationsamt, aber **auch zum Download** (Stand: August 2021): https://www.bih.de/integrationsaemter/medien-und-publikationen.

Ebenfalls kostenfrei und **zum Download** erhältlich:

- **Der besondere Kündigungsschutz**
- **Die Leistungen des Integrationsamtes**
- **Behinderung und Ausweis,**
- **Das Betriebliche Eingliederungsmanagement,**
- **Ausgleichsabgabe**
- **ZB Info „Leistungen für Menschen mit Schwerbehinderung im Beruf"**
- **ZB Zeitschrift „Behinderte Menschen im Beruf"** (jeweils 16 Seiten, vier Ausgaben im Kalenderjahr), in Heft 3/2017 ging es um die MS, Praxisbeispiele: Architekt H. van Beek lebt seit 40 Jahren mit der Krankheit MS. S. Beier hat im Alter von 24 Jahren die Diagnose MS erhalten. Aktuelle Studie: Arbeitsalltag von Erwerbstätigen mit MS.

3. Informationen bei REHADAT, https://www.rehadat.de.

- Produktübersicht und mehr zur Hilfsmittelversorgung

- Beispiele für Arbeitsanpassungen und Integrationsverein-
barungen
- Portal zu Arbeitsleben und Behinderung
- Umfangreiche Informationen zur beruflichen Teilhabe für
junge Menschen
- Urteile und Gesetze zum GdB, zur Gleichstellung, zu Merk-
zeichen und Nachteilsausgleichen usw.
- Artikel, Bücher, Ratgeber und mehr zur beruflichen Teil-
habe
- Beratungsstellen, Dienstleister, Verbände und mehr zur be-
ruflichen Teilhabe
- Aktivitätsbasiert mit ICF-Komponenten[126] recherchieren

**4. Deutsche Multiple Sklerose Gesellschaft Bundesverband
e. V. (dmsg)**, u. a. Broschüren:

- **Schule, Ausbildung, Studium - mit Multipler Sklerose,**
Stand: Dezember 2023
- **Arbeiten mit MS,** Stand: Februar 2021

Zudem wird noch im Jahr 2025 die Broschüre: „**Menschen mit
MS ausbilden und beschäftigen - Unterstützungsangebote
und Fördermöglichkeiten für Arbeitgeber**" erscheinen.

5. Publikation des Bundesministeriums der Justiz (BMJ), u. a.
Beratungs- und Prozesskostenhilfe, Stand Januar 2024

Wenn Sie Bestellungen aufgeben möchten, s. S. 105 (Publikationsversand der Bundesregierung) oder zum **Download:**
https://bmj.de, dort: Broschüren und Infomaterial.

---

[126] Nutzer finden Informationen zu den Themen Behinderung, Arbeit
und Reha mithilfe der Internationalen Klassifikation der Funktionsfä-
higkeit, Behinderung und Gesundheit (ICF). Die ICF-Klassifikation er-
schließt dabei die Inhalte des Informationssystems REHADAT. Aktuell
durchsucht der ICF-Lotse die REHADAT-Bereiche Hilfsmittel, Literatur
und Praxisbeispiele. Das Portal richtet sich (in Deutsch oder Englisch)
an Fachleute und interessierte Laien.

Anhang 1

Das SGB IX

Durch das Bundesteilhabegesetz (BTHG) hat sich bereits zum 1. Januar 2018 der Aufbau des SGB IX geändert. Das Gesetz besteht nun aus drei Teilen.

➢ Wie schon in der Altfassung befinden sich im ersten Teil sozialrechtliche Regelungen für behinderte und von Behinderung bedrohte Menschen.

➢ Der zweite Teil (§§ 90 bis 122) ist erst zum 1. Januar 2020 in Kraft getreten und stellt die Reform der Eingliederungshilfe (Besondere Leistungen zur selbstbestimmten Lebensführung für Menschen mit Behinderungen) dar.

➢ Das Schwerbehindertenrecht ist im Teil 3 des SGB IX zu finden und beginnt mit dem § 151 SGB IX.

Exemplarisch:

SGB IX bis 31.12.2017	ab 1.1.2018
TEIL 3: Besondere Regelungen zur Teilhabe schwerbehinderter Menschen Schwerbehindertenrecht) **Kapitel 1: Geschützter Personenkreis**	
§ 68 Geltungsbereich	§ 151
§ 69 Feststellung der Behinderung, Ausweise	§ 152
Kapitel 2: Beschäftigungspflicht der Arbeitgeber	
§ 71 Pflicht der Arbeitgeber zur Beschäftigung schwerbehinderter Menschen	§ 154
§ 73 Begriff des Arbeitsplatzes	§ 156
§ 77 Ausgleichsabgabe	§ 160
Kapitel 3: Sonstige Pflichten der Arbeitgeber; Recht der schwerbehinderten Menschen	
§ 80 Zusammenwirken der Arbeitgeber mit der Bundesagentur für Arbeit und den Integrationsämtern	§ 163

SGB IX bis 31.12.2017	ab 1.1.2018
§ 81 Pflichten des Arbeitgebers und Rechte schwerbehinderter Menschen	§ 164
§ 82 Besondere Pflichten der öffentlichen Arbeitgeber	§ 165
§ 83 Inklusionsvereinbarung	§ 166
§ 84 Prävention (einschließlich BEM in Absatz 2)	§ 167
Kapitel 4: Kündigungsschutz	
§ 85 Erfordernis der Zustimmung	§ 168
§ 86 Kündigungsfrist	§ 169
§ 87 Antragsverfahren	§ 170
§ 88 Entscheidung des Integrationsamtes	§ 171
§ 89 Einschränkungen der Ermessensentscheidung	§ 172
§ 90 Ausnahmen	§ 173
§ 91 Außerordentliche Kündigung	§ 174
§ 92 Erweiterter Beendigungsschutz	§ 175
Kapitel 5 (...) Schwerbehindertenvertretung, Inklusionsbeauftragter des Arbeitgebers (...)	
§ 95 Aufgaben der Schwerbehindertenvertretung	§ 178
§ 96 Persönliche Rechte und Pflichten der Vertrauenspersonen der schwerbehinderten Menschen	§ 179
§ 124 Mehrarbeit	§ 207
§ 125 Zusatzurlaub	§ 208

Anhang 2

Versorgungsamt oder die nach Landesrecht zuständige Behörde

Ein Versorgungsamt oder Amt für Soziale Angelegenheiten (ASA) hat in Deutschland Aufgaben im Rahmen der sozialen Sicherung, der individuellen Entschädigung besonders Betroffener und für Schwerbehindertenangelegenheiten.

Organisation:

Berlin: Landesamt für Gesundheit und Soziales (LAGeSo) Berlin.

Baden-Württemberg: Unter Aufsicht des Regierungspräsidiums Stuttgart: 35 Landratsämter.

Bayern: Zentrum Bayern Familie und Soziales mit Regionalstellen in den sieben Regierungsbezirken (Bayreuth, Würzburg, Nürnberg, Regensburg, Nördlingen, Augsburg, Landshut und München).

Brandenburg: Landesamt für Soziales und Versorgung des Landes Brandenburg in Cottbus und dessen 3 Außenstellen in Cottbus, Frankfurt (Oder) und Potsdam.

Bremen: Amt für Versorgung und Integration Bremen - AVIB - (ehemals Versorgungsamt Bremen).

Hamburg: Versorgungsamt Hamburg.

Hessen: Unter Aufsicht des Landesversorgungsamtes beim Regierungspräsidium Gießen sechs Ämter für Versorgung und Soziales in Darmstadt, Frankfurt (Main), Fulda, Gießen, Kassel, und Wiesbaden.

Mecklenburg-Vorpommern: Landesamt für Gesundheit und Soziales (LAGuS) in Rostock und vier weitere Dezernate in Stralsund, Schwerin, Rostock und Neubrandenburg.

Niedersachsen: Landesamt für Soziales, Jugend und Familie mit sechs Regionalstellen in Braunschweig, Hannover, Hildesheim (Hauptstelle), Oldenburg, Osnabrück und Verden.

Nordrhein-Westfalen: Die Landkreise und kreisfreien Städte haben eigene Versorgungsämter. Sie finden das zuständige Versorgungsamt über Ihre Kreis- oder Stadtverwaltung.

Rheinland-Pfalz: Landesamt für Soziales, Jugend und Versorgung des Landes Rheinland-Pfalz in Mainz und vier Ämter für Soziale Angelegenheiten in Koblenz, Landau, Mainz und Trier.

Saarland: Landesamt für Soziales (LAS), Saarbrücken.

Sachsen: Die Aufgaben werden von den Landkreisen, kreisfreien Städten und dem Kommunalen Sozialverband Sachsen sowie vom Staatsministerium für Soziales wahrgenommen.

Sachsen-Anhalt: Landesverwaltungsamt (Versorgungsverwaltung).

Schleswig-Holstein: Landesamt für soziale Dienste in Neumünster mit den vier Außenstellen in Neumünster (Zentrale), Heide, Lübeck und Schleswig.

Thüringen: Versorgungsämter kommunalisiert. Für die Feststellung der Behinderung und für das Ausweiswesen sind die Landkreise und die kreisfreien Städte zuständig.

Sämtliche Adressen sind über die **Homepage der Bundesarbeitsgemeinschaft der Integrationsämter und Hauptfürsorgestellen (BIH)** *GbR, abrufbar unter: www.integrationsaemter.de, dort: > Kontakt > Versorgungsämter.*

Völlig unkompliziert geht es auch mit der **Servicesuche – einem Angebot vom Bund und den Ländern:** *Verwaltungsleistungen der Behörden und Institutionen des Bundes, der Länder und der Kommunen in ganz Deutschland suchen & finden. Im Internet: https://servicesuche.bund.de/#/de/*

Anhang 3

Die „wichtigsten"[127] Nachteilsausgleiche abhängig vom Grad der Behinderung und von Merkzeichen

(Schwer-)Behinderte Menschen sind in ihrem privaten und beruflichen Alltag zahlreichen Nachteilen ausgesetzt. In unterschiedlichen Lebensbereichen können Betroffene daher sog. **Nachteilsausgleiche** in Anspruch nehmen, die im wörtlichen Sinne einige der Nachteile und Mehraufwendungen ausgleichen sollen.

Allerdings kann nicht jeder (schwer-)behinderte Mensch automatisch jeden einzelnen Nachteilsausgleich in Anspruch nehmen. Viele Nachteilsausgleiche sind an die Höhe des GdB, die Art der Behinderung oder die Zuteilung bestimmter Merkzeichen gebunden. Die Bundesministerien für Arbeit und Soziales sowie für Gesundheit und Familie, verschiedene Landesministerien und Verbände haben zahlreiche Informationsbroschüren und Wegweiser erarbeitet.

Grad der Behinderung (GdB)

HINWEIS: Nachteilsausgleiche, die bei einem niedrigen GdB angeführt sind, gelten auch für alle höheren GdB.

GdB 20

- Bei entsprechenden Voraussetzungen können Leistungen zur Reha und Teilhabe in Anspruch genommen werden, z. B. Medizinische Reha, Berufliche Reha, Soziale Reha sowie unterhaltssichernde und ergänzende Leistungen (§ 29 Absatz 1 Nr. 4 Sozialgesetzbuch (SGB) Erstes Buch Allgemeiner Teil (I).

---

[127] Die „wichtigsten" Nachteilsausgleiche meint, dass die Auflistung ausdrücklich keinen Anspruch auf Vollständigkeit erhebt.

- Steuerfreibetrag bei einem GdB 20: 384 Euro (§ 33b Einkommensteuergesetz, EStG)

GdB 30 / 40

- Steuerfreibetrag bei einem GdB 30: 620 Euro (§ 33b EStG)
- Steuerfreibetrag bei einem GdB 40: 860 Euro (§ 33b EStG)
- Gleichstellung von Arbeitnehmern (§ 2 Absatz 3 SGB IX)
- Kündigungsschutz bei Gleichstellung von Arbeitnehmern (§ 168 ff. in Verbindung mit § 151 Absatz 3 SGB IX)

GdB 50 (= „schwerbehindert" - § 2 Absatz 2 SGB IX)

- Steuerfreibetrag: 1.140 Euro (§ 33b EStG)
- Anerkennung der Schwerbehinderteneigenschaft (§ 2 Absatz 2 SGB IX)
- Bevorzugte Einstellung, Beschäftigung (§§ 164, 205 SGB IX) Kündigungsschutz; Integrationsamt muss Kündigung zustimmen (§§ 168 ff. SGB IX)
- Begleitende Hilfe im Arbeitsleben (§ 185 SGB IX), z. B. Arbeitshilfsmittel, Arbeitsassistenz
- Freistellung von Mehrarbeit (§ 207 SGB IX)
- Eine Arbeitswoche Zusatzurlaub (§ 208 SGB IX)
- Vorgezogene Altersrente nach 35 Beitragsjahren mit Schwerbehinderung: Zwei Jahre vor dem regulären Rentenalter ohne Abschläge; bis zu fünf Jahre vor dem regulären Rentenalter mit Abschlägen (§§ 37, 236a SGB VI) bzw. vorzeitige Pensionierung von Beamten (§ 52 BBG) möglich
- Stundenermäßigung bei Lehrern: bundeslandabhängig
- Beitragsermäßigung bei Automobilclubs (je nach Satzung) und verschiedene Automobilhersteller geben unter bestimmten Voraussetzungen Rabatte beim Kauf eines Neuwagens

- Ermäßigungen bei Fluggesellschaften (je nach Vertragsbedingungen)

- Abzug eines Freibetrages bei der Einkommensermittlung im Rahmen der sozialen Wohnraumförderung bei Pflegebedürftigkeit nach § 14 SGB XI: 2.100 Euro (§ 24 Wohnraumförderungsgesetz, WoFG)

- Freibetrag beim Wohngeld bei Pflegebedürftigkeit nach § 14 SGB XI und häuslicher oder teilstationärer Pflege/ Kurzzeitpflege: 1.800 Euro (§ 17 Wohngeldgesetz, WoGG)

- Schutz bei Wohnungskündigung, §§ 556a, 564b BGB

- Ermäßigung bei Kurtaxen (je nach Satzung vor Ort)

- Preisnachlass bei mehreren Festnetz- und Mobilfunkbetreibern

- Orangener Parkausweis bei bestimmten Behinderungen bzw. Erkrankungen (siehe hierzu Anhang 4, S. 119 f.)

GdB 60

- Steuerfreibetrag: 1.440 Euro (§ 33b EStG)

- Ermäßigter Rundfunkbeitrag von 6,12 Euro bei GdB 60 allein wegen Sehbehinderung (§ 4 Rundfunkbeitragsstaatsvertrag, RBStV)

GdB 70

- Steuerfreibetrag: 1.780 Euro (§ 33b EStG)

- anstelle der Entfernungspauschalen können die tatsächlichen Aufwendungen für die Wege zwischen Wohnung und Arbeitsstätte geltend gemacht werden (§ 9 Absatz 2 Satz 3 Nr. 2 EStG)

- Abzugsbetrag für Privatfahrten bei Merkzeichen G: bis zu 3.000 km x 0,30 Euro = 900 Euro (§ 33 EStG)

- Erwerb der BahnCard 25 und BahnCard 50 zum ermäßigten Preis

GdB 80

- Steuerfreibetrag: 2.120 Euro (§ 33 b EStG)

- Abzug eines höheren Freibetrages bei der Einkommenser-mittlung im Rahmen der sozialen Wohnraumförderung bei Pflegebedürftigkeit nach § 14 SGB XI: 4.500 Euro (§ 24 WoFG)

- Abzugsbetrag für Privatfahrten: bis zu 3.000 km x 0,30 Euro = 900 Euro (§ 33 EStG)

- Ermäßigter Rundfunkbeitrag von 6,12 Euro, wenn keine Teilnahme an öffentlichen Veranstaltungen möglich ist (§ 4 RBStV)

GdB 90

- Steuerfreibetrag 2.460 Euro (§ 33 b EStG)

GdB 100

- Steuerfreibetrag 2.840 Euro (§ 33 b EStG)

- Vorzeitige Verfügungsmöglichkeit über Bauspar- bzw. Sparbeträge (richtet sich nach AGB der Anbieter)

- Freibetrag bei der Erbschafts- und Schenkungssteuer in bestimmten Fällen (§ 13 Absatz 1 Nr. 6 ErbStG)

- Abzug eines Freibetrags bei der Einkommensermittlung im Rahmen der sozialen Wohnraumförderung: 4.500 Euro (§ 24 Wohnraumförderungsgesetz)

Merkzeichen

Auf Antrag stellt das Versorgungsamt auch gesundheitliche Merkmale („Merkzeichen") für die Inanspruchnahme beson-derer Nachteilsausgleiche fest.

G (erheblich gehbehindert)

- Unentgeltliche Beförderung im öffentlichen Nahverkehr nach Erwerb einer Wertmarke (§§ 228 ff. SGB IX) **oder** 50 %

Kraftfahrzeugsteuerermäßigung (§ 3 a Absatz 2 Satz 1 KraftStG)

- Abzugsbetrag für behinderungsbedingte Privatfahrten bei einem GdB ab 70 und dem Merkzeichen G: bis zu 3.000 km x 0,30 Euro = 900 Euro (§ 33 EStG)

- Orangener Parkausweis bei Vorliegen weiterer Voraussetzungen (siehe hierzu Anhang 4, S. 119 f.)

> **TIPP:** Einige Bundesländer räumen bei festgestellter Schwerbehinderung mit dem Merkzeichen „G" auch regionale Parkerleichterungen ein. Es kann sich daher lohnen, bei der jeweiligen Stadt-, Gemeinde- oder Kreisverwaltung oder Verkehrsbehörde nach **regionalen Parkerleichterungen** zu fragen.

- Bei Altersrente oder voller Erwerbsminderungsrente Mehrbedarfserhöhung bei der Sozialhilfe von 17 % des Regelsatzes (§ 30 Absatz 1 Sozialgesetzbuch (SGB) Zwölfter Teil (XII)

- <u>Bei GdB 50 und höher:</u> Tatsächliche Kosten für Fahrten zur Arbeit absetzbar ohne Begrenzung auf die Pendlerpauschale, § 9 Absatz 2 S. 3 Nr. 2 EStG)

aG (außergewöhnlich gehbehindert)

- Unentgeltliche Beförderung im öffentlichen Nahverkehr nach Erwerb einer Wertmarke (§§ 145 – 147 SGB IX) **und** daneben Kraftfahrzeugsteuerbefreiung (§ 3a Absatz 1 Kraftfahrzeugsteuergesetz, KraftStG)

- Behinderungsbedingte Fahrtkostenpauschale bei der Steuer absetzbar: 4.500 Euro (§ 33 Absatz 2a EStG)

- Kostenfreier Fahrdienst in vielen Gemeinden und Landkreisen mit unterschiedlichen kommunalen Regelungen

- Parkerleichterungen, Parkplatzreservierung (§ 46 Absatz 1 StVO)

- Krankenkasse übernimmt Fahrtkosten zu ambulanten Behandlungen (§ 60 Sozialgesetzbuch [SGB] Fünftes Buch – Gesetzliche Krankenversicherung [V])

- Bei Altersrente oder Erwerbsminderungsrente Mehrbedarfserhöhung bei der Sozialhilfe: 17 % (§ 30 SGB XII, § 23 Nr. 4 SGB II)

- Volle berufliche Fahrtkosten von der Steuer absetzbar ohne Begrenzung auf die Pendlerpauschale, § 9 Absatz 2 S. 3 EStG)

B (Berechtigung zur Mitnahme einer Begleitperson)

- Unentgeltliche Beförderung der Begleitperson im öffentlichen Nah- und Fernverkehr, ausgenommen bei Fahrten in Sonderzügen und Sonderwagen (§§ 228 ff. SGB IX)

- Platz- oder Abteilreservierung ist im Fernverkehr bei Merkzeichen B kostenfrei, aber Online-Reservierungen sind kostenpflichtig

- Unentgeltliche Beförderung der Begleitperson bei innerdeutschen Flügen der Lufthansa und der Regionalverkehrsgesellschaften; Details regeln die Tarife der Fluggesellschaften

- Unentgeltliche Beförderung der Begleitperson blinder Menschen im internationalen Eisenbahnverkehr

- Urlaubskosten der Begleitperson bis 767 Euro steuerlich absetzbar (§§ 33, 33b Absatz 3 S. 3 EStG; Bundesfinanzhof, Urteil vom 4. Juli 2002, Az. III R 58/98)

- Orangener Parkausweis bei Vorliegen der weiteren Voraussetzungen (siehe hierzu Anhang 4, S. 119 f.)

- Begleitperson von Kurtaxe befreit (örtliche Verordnungen)

H (hilflos)

- Unentgeltliche Beförderung im öffentlichen Nahverkehr mit Wertmarke (§§ 228 ff. SGB IX)

- Kraftfahrzeugsteuerbefreiung oder Kraftfahrzeugsteuerermäßigung (§ 3 a Absatz 1 bzw. Absatz 2 KraftStG)

- Pauschbetrag bei der Einkommenssteuer: 7.400 Euro (§ 33b Absatz 3 Satz 3 EStG)

- In vielen Gemeinden: Befreiung von der Hundesteuer für **ausgebildete Hunde** (Ortssatzungen über Hundesteuer)

- Pflegepauschbetrag für Pflegende: 1.800 Euro (§ 33b Absatz 6 EStG)

- Krankenkasse übernimmt Fahrtkosten zu ambulanten Behandlungen (§ 60 SGB V)

- Volle berufliche Fahrtkosten von der Steuer absetzbar ohne Begrenzung auf die Pendlerpauschale (§ 9 Abs 2 S. 3 Nr. 2 EStG)

RF (Befreiung vom Rundfunkbeitrag)

- Ermäßigung des Rundfunkgebührenbeitrages auf monatlich 6,12 Euro (§ 4 RBStV).

  Auf Antrag kann diese Gebühr vollständig erlassen werden, dies geht allerdings nur unter bestimmten, sehr streng gefassten Bedingungen.

Weitere, hier nicht vertiefte **Nachteilsausgleiche** erhalten Ausweisinhaber mit den **Merkzeichen „B"** (blind), „TBl" (taubblind) und „GL" (gehörlos).

Anhang 4

Der bundeseinheitliche orangene Parkausweis

Die Ausweisgewährung hängt nicht allein vom Gesamt-GdB (Grad der Behinderung) ab, sondern von bestimmten Einzel-GdBs und gegebenenfalls von Merkzeichen. Folgende Bedingungen müssen erfüllt sein:

1. Kombination aus Merkzeichen und Einzel-GdB

o Merkzeichen G (erhebliche Gehbehinderung) und B (Berechtigung zur Mitnahme einer Begleitperson).

o Zusätzlich ein Einzel-GdB von mindestens 70 für Funktionsstörungen an den unteren Gliedmaßen (und der Lendenwirbelsäule, soweit sich diese auf das Gehvermögen auswirken) und

o gleichzeitig ein Einzel-GdB von mindestens 50 für Einschränkungen des Herzens oder der Atmungsorgane.

2. Morbus Crohn oder Colitis ulcerosa

Ein Einzel-GdB von wenigstens 60 aufgrund einer dieser chronisch-entzündlichen Darmerkrankungen.

3. Doppeltes Stoma

Künstlicher Darmausgang und zugleich künstlicher Harnableitung, wenn hierfür ein GdB von wenigstens 70 vorliegt.

4. Gleichgestellte Erkrankungen

Behinderungen, die dem in 1 bis 3 genannten Personenkreis in ihrer Auswirkung entsprechen.

Die orange Parkerleichterung **gilt nur in Deutschland** (nicht EU-weit!) und berechtigt zu folgenden Ausnahmen:

- Im eingeschränkten Halteverbot (Zeichen 286) bis zu drei Stunden.

- Im eingeschränkten Zonenhalteverbot (Zeichen 290) bis zu drei Stunden.

- Im eingeschränkten Zonenhalteverbot (Zeichen 290) mit begrenzter Parkdauer darf die zugelassene Parkdauer überschritten werden.
- An Stellen, die durch Zeichen „Parkplatz" (Zeichen 314) oder „Parken auf Gehwegen" (Zeichen 315) und mit einer begrenzten Parkdauer gekennzeichnet sind, darf die zugelassene Parkdauer überschritten werden.
- In Fußgängerzonen, in denen das Be- und Entladen für bestimmte Zeiten frei gegeben ist, darf während der Ladezeit geparkt werden.
- Auf Parkplätzen mit Parkuhren oder Parkscheinautomaten darf ohne Gebühr und ohne zeitliche Begrenzung geparkt werden.
- Auf Parkplätzen für Anwohner bis zu drei Stunden.
- In verkehrsberuhigten Bereichen (Zeichen 325) darf außerhalb der gekennzeichneten Flächen, ohne den durchgehenden Verkehr zu behindern, geparkt werden.

Grundsätzlich gilt, dass in zumutbarer Entfernung keine andere Parkmöglichkeit besteht. Im Übrigen beträgt die höchstzulässige Parkzeit 24 Stunden.

HINWEIS: Die vorstehenden Angaben zu den erlaubten Parkzonen sind nicht abschließend und nicht rechtsverbindlich. Weitere und rechtsverbindliche Informationen erhalten Sie von der zuständigen Straßenverkehrsbehörde.

Es gibt zudem einen **gelben Parkausweis**, der **ausschließlich in Schleswig-Holstein, Mecklenburg-Vorpommern und Rheinland-Pfalz gültig** ist, für Personen, *denen das Merkzeichen G im Schwerbehindertenausweis mit einem GdB von mindestens 70 zuerkannt wurde und die sich maximal 100 Meter weit fortbewegen können oder die sich aufgrund einer erheblichen vorübergehenden (Operation, Unfall, Krankheit) oder amtlich noch nicht anerkannten dauerhaften Mobilitätsbeeinträchtigung maximal 100 Meter weit fortbewegen können.*

Anhang 5

Wichtige GdB-abhängige Nachteilsausgleiche für schwerbehinderte und ihnen gleichgestellte Menschen sowie für Arbeitgeber im Überblick

	GdB-Status		Arbeit-geber
	Schwer-behindert	gleichge-stellt	
Finanzielle Leistungen / Begleitende Hilfe im Arbeitsleben	✓	✓	✓
Betreuung durch spezielle Fachdienste	✓	✓	✓
Hilfen zur Arbeitsplatzaus-stattung	✓	✓	✓
Lohnkostenzuschüsse	✓	✓	✓
Anrechnung auf Pflichtar-beitsplätze	✓	✓	✓
Besonderer Kündigungs-schutz	✓	✓	
Freistellung von Mehrarbeit	✓	✓	
Kraftfahrzeughilfe für den Arbeitsweg	✓	✓	
Wahlberechtigung für die Wahl der Schwerbehinder-tenvertretung	✓	✓	
Zusatzurlaub	✓		
Schwerbehindertenausweis & Merkzeichen	✓		

	GdB-Status		Arbeit-geber
	Schwer-behindert	gleichge-stellt	
Unentgeltliche Beförderung mit Bus & Bahn (ggf. erst nach Erwerb einer Wertmarke*)	✓		
Vorgezogene Altersrente	✓		

*Wertmarke für die unentgeltliche Beförderung im öffentlichen Personennahverkehr (ÖPNV)

Voraussetzung: Merkzeichen	Erwerb einer Wertmarke		Kfz-Steuer
G oder Gl	104 Euro für 1 Jahr 53 Euro für ½ Jahr	ODER	50 %
aG	104 Euro für 1 Jahr 53 Euro für ½ Jahr	UND	100 %
H oder Bl/TBl	Wertmarke kostenfrei!	UND	100 %
B	Die Begleitperson kann frei fahren, auch wenn der schwerbehinderte Mensch selbst eine Fahrkarte benötigt *(z. B., weil er keine Wertmarke besitzt oder weil er eine Bahnfahrt 1. Klasse oder im ICE unternimmt.)*		

Wird eine für ein Jahr erworbenen Wertmarke im ersten Halbjahr ihrer Gültigkeitsdauer zurückgegeben, werden die Kosten zur Hälfte erstattet.

Zum **Öffentlichen Personenverkehr** zählen:
- Busse, Stadtbahnen, U- und S-Bahnen
- Züge der Deutschen Bahn in der 2. Klasse, die mit Verbundfahrschein benutzt werden können, im Nahverkehr im gesamten Bundesgebiet sowie anderen Eisenbahnen, die den Nahverkehr bedienen
- Schiffe im Linien-, Fähr- und Übersetzverkehr im Orts- und Nachbarschaftsbereich

Anhang 6

Das Verwaltungs-/Klageverfahren

Antrag[128] an das Versorgungsamt oder die nach Landesrecht zuständige Behörde[129]

- formlos möglich, aber

- am besten **mittels eines speziellen Formulars** -

TIPP: Sperren Sie sich nicht gegen die Verwendung von Antragsformularen. Es macht regelmäßig deshalb Sinn, weil dort alle Daten abgefragt werden, die für die Antragsprüfung wichtig sind.

HINWEIS: Sie haben verschiedene Möglichkeiten, Antragsformulare zu erhalten:

Auf den Internetseiten der Versorgungsämter finden Sie Anträge (Erstfeststellungs-/Änderungsantrag) zum Ausdrucken in Papierform inklusive aller Anlagen und weitere Informationen.

Antragsvordrucke können Sie auch direkt beim Versorgungsamt abholen.

---

[128] **Alle Personen, die in Deutschland arbeiten oder ihren Wohnsitz haben, können einen Antrag zur Feststellung einer Behinderung stellen.** Die Anerkennung einer Schwerbehinderung setzt nicht voraus, dass die antragstellende Person deutscher Staatsbürger ist.
Den Antrag kann auch eine bevollmächtigte Person oder bei Minderjährigen die Sorgeberechtigten. Bei Jugendlichen vom 15. bis zum 18. Geburtstag gilt: Sie dürfen den Antrag selbst stellen oder eine andere Person bevollmächtigen. Stattdessen dürfen auch die Sorgeberechtigten **ohne Vollmacht** den Antrag stellen.
Arbeitgeber sind nicht dazu berechtigt, für ihre Beschäftigten einen Antrag zu stellen.
[129] Zuständig ist jeweils die Behörde, in dessen Bezirk sich der Wohnsitz oder der gewöhnliche Aufenthalt des Antragstellers befindet.

Schließlich können Sie diese auch telefonisch anfordern.

Im jeweiligen Antrag sind neben den Personalien und den gesundheitlichen Beeinträchtigungen u. a. die Namen und Anschriften der behandelnden Ärzte sowie stationärer Einrichtungen anzugeben.

Der Antrag ist **kostenfrei**.

Medizinische Unterlagen

Wenn Sie über aktuelle (fach-)ärztliche Unterlagen, Befundberichte und/oder Krankenhaus- und/oder sog. Reha-Berichte verfügen, die Ihre gesundheitlichen Beeinträchtigungen medizinisch nachweisen, senden Sie diese sogleich zusammen mit Ihrem Antrag ein.

Sind die eingereichten Unterlagen präzise und eindeutig kann das die **Dauer** des Feststellungsverfahrens deutlich verkürzen.

Manchmal reichen die von Ihnen mitgeschickten Unterlagen nicht aus, um den Antrag zu bearbeiten. Dann fordert das Versorgungsamt von den Ärzten, Krankenhäusern, Rentenversicherungsträgern, die Sie im Antrag angegeben haben, nach **pflichtgemäßem Ermessen** weitere Befundberichte aufgrund der von im Antrag zugleich auch erklärten Entbindung von der Schweigepflicht **im Wege der Amtsermittlung** an. Die Verwaltungskosten, die dadurch entstehen, werden vom Staat getragen.

Alle medizinischen Unterlagen werden an den **Versorgungsärztlichen Dienst** weitergeleitet. Dort werden sie medizinisch ausgewertet.

Sollten die vorhandenen medizinischen Befunde nicht ausreichen, um Ihre Situation abschließend zu beurteilen, kann eine gutachterliche Untersuchung veranlasst werden.

Steht das Ergebnis der medizinischen Beurteilung fest, so wird eine Regelung durch einen **Verwaltungsakt** getroffen und Sie erhalten durch Ihre Feststellungsbehörde einen sog. **Feststellungsbescheid**.

Dieser Bescheid stellt den GdB und evtl. vorliegende Merkzeichen fest.

Wenn der bei Ihnen festgestellte GdB 50 oder höher ist, erhalten Sie nach Einsendung eines rückwärtig mit Ihrem Namen versehenen Fotos auch einen Schwerbehindertenausweis.

Bei einem Wert unter 50 gelten Sie nicht als schwerbehindert.

Der Schwerbehindertenausweis wird in der Regel für längstens fünf Jahre ausgestellt (Zeitraum der Heilungsbewährung).

AUSNAHME: Bei einer voraussichtlich lebenslangen Behinderung kann der Ausweis unbefristet ausgestellt werden.

➲ Wenn Sie mit der Entscheidung im Feststellungsbescheid einverstanden sind, müssen Sie nichts weiter tun.

➲ Wenn Sie mit der Entscheidung im Feststellungsbescheid Ihrer Feststellungsbehörde nicht einverstanden sind, können Sie **innerhalb eines Monats**, nachdem Sie den Bescheid erhalten haben, **Widerspruch** erheben.

Bevor Sie Widerspruch einlegen, ist es ratsam Kontakt aufzunehmen mit:

- Arzt
- Rechtsberatung der Sozialverbände oder der Gewerkschaft (Mitglieder erhalten Rechtsbeistand) oder falls Sie nicht Mitglied eines Verbandes oder der Gewerkschaft sind mit einem Rechtsanwalt,
- Schwerbehindertenvertretung,

um abzuklären, ob Aussicht auf Erfolg besteht.

125

So überprüfen Sie, der Gesamtgrad der Behinderung korrekt gebildet worden ist:

- Ist die Feststellung des Gesamt-GdB wie folgt erfolgt?

- Wurden alle nicht nur vorübergehenden (= mehr als 6 Monate anhaltenden) Gesundheitsstörungen und die damit verbundenen Beeinträchtigungen der Teilhabe am täglichen Leben ermittelt?

- Wurden die Beeinträchtigungen den in der Versorgungsmedizin-Verordnung enthaltenen Versorgungsmedizinischen Grundsätzen (GdB-/GdS-Tabelle) zugeordnet?

- Wurde für jede Funktionsbeeinträchtigung ein Einzel-GdB ermittelt?

- Wurde ein Gesamt-GdB gebildet?

  - Ist das Amt von dem höchsten Grad der Beeinträchtigung ausgegangen?

  - Wurde begutachtet, ob die anderen Funktionsbeeinträchtigungen das Gesamtmaß erhöhen?

    Sind Unabhängigkeiten, Überschneidungen und Verstärkungen einzelner Beeinträchtigungen beachtet worden?

- Hat das Amt die Gesamtbewertung mit denen in den Versorgungsmedizinischen Grundsätzen festgesetzten Werten verglichen oder drängt sich für Sie der Eindruck auf, dass das nicht geschehen sein könnte?

Widerspruch – Muster

Ziel: Feststellung eines höheren GdB

Sehr geehrte Damen und Herren,

mit Bescheid vom (Datum) haben Sie meinen Antrag auf Gewährung eines höheren Grades der Behinderung abgelehnt.

Gegen Ihren Bescheid lege ich hiermit

Widerspruch

ein.

Die Begründung meines Widerspruchs lasse ich Ihnen mit separatem Schreiben zukommen.

Gleichzeitig beantrage ich, mir alle ärztlichen Unterlagen und Gutachten, die Grundlage für Ihren Bescheid waren, in Fotokopie zu übersenden (einschließlich der Stellungnahme des versorgungsärztlichen Dienstes).

Vielen Dank im Voraus.

Mit freundlichen Grüßen

Unterschrift

Der versorgungsärztlichen Stellungnahme können Sie entnehmen, welche Einzel-GdB anerkannt wurden und welcher Gesamt-GdB daraus gebildet wurde.

Sie können damit nachvollziehen, wie das Versorgungsamt zu seiner Entscheidung gekommen ist. Zum anderen können Sie prüfen, ob auch alle Befunde berücksichtigt und welche Beeinträchtigungen Ihrer Ansicht nach falsch eingeschätzt wurden.

In Ihrer Widerspruchsbegründung sollten Sie darstellen, welche Auswirkungen und Folgen Ihre Erkrankung(-en) auf Ihre Lebenssituation haben. **Entscheidend für den GdB ist nicht, dass eine Krankheit festgestellt wurde, sondern wie sich diese Krankheit für Sie auswirkt.**

Zudem sollten Sie nach Möglichkeit weitere, neue Aspekte nennen und nicht nur bereits bekannte Informationen wiederholen.

Widerspruchsbegründung – lediglich ein Muster, das jeweils auf Ihre ganz persönliche Situation anzupassen ist!

Sehr geehrte Damen und Herren,

in meinem Widerspruchsverfahren

Geschäftszeichen: ...

begründe ich den unter Datum vom ... eingelegten Widerspruch nach Durchsicht der Ihrer Entscheidung zugrundeliegenden Unterlagen hiermit wie folgt:

Folgende Gesundheitsstörungen, die ich in meinem Antrag vom ... aufgeführt hatte, sind in dem angefochtenen Bescheid nicht berücksichtigt worden: (Aufzählung).

Ich bitte Sie, hierzu noch den Arzt, (Dr.) (Name)/ das Krankenhaus (konkret benennen) zu befragen.

Und/oder:

In der Auskunft vom (Datum) über meinen Gesundheitszustand, hat (Dr.) (Name) /das Krankenhaus (Name) auch die folgende Behinderung bezeichnet, die Sie bei Ihrer Entscheidung nicht berücksichtigt haben: (Krankheitsbezeichnung einsetzen).

Und/oder:

Aufgrund der Art und Schwere meiner Beeinträchtigungen ist der Grad der Behinderung mit ... erheblich zu niedrig bemessen worden. Darüber hinaus bin ich ebenso wie mein behandelnder Arzt der Auffassung, dass aufgrund der gesundheitlichen Einschränkungen die Voraussetzungen des Merkzeichens (z. B. G) vorliegen.

Und/oder

Der angefochtene Bescheid hat die Schwere meiner Behinderung nicht ausreichend gewürdigt.

Beispiel: *Bei schubförmiger MS besteht bei mir ein deutliches Erschöpfungssyndrom (Fatigue-Symptomatik) mit verminderter körperlicher und psychischer Belastbarkeit, eine deutliche Beeinträchtigung der Oberflächen- und Tiefensensibilität der unteren Extremitäten rechts mehr als links, ein Kräfteverlust in den Extremitäten und eine erhebliche Gangbeeinträchtigung – auch aufgrund deutlich eingeschränkter Ausdauer.*

Meine Behinderung belastet mich in besonderem Umfang in nachfolgend geschilderter Weise: (Darstellung des besonderen persönlichen Betroffenseins)

Beispiel für Fatigue und Gehbehinderung:

Die abnorme Ermüdbarkeit, die nichts mit Disziplinlosigkeit, Labilität oder Drückebergertum zu tun hat, beeinträchtigt meine Lebensqualität ganz erheblich und belastet mich auch psychisch, zumal dieses Symptom im Familien-/Freundeskreis und auch im Berufsalltag oft auf Unverständnis stößt.

Um damit leben zu können, muss ich über den Tag verteilt immer wieder Pausen bis hin zu längeren Ruhephasen einlegen.

Ich arbeite glücklicherweise im Homeoffice, was es mir möglich macht, notwendige Erholungspausen einzulegen.

Meine derzeitige Arbeitszeit beträgt 20 h/wö. verteilt auf vier Arbeitstage. Ich arbeite aber tatsächlich an sechs Tagen +/- drei Stunden, also etwas weniger als arbeitsvertraglich vereinbart, um meine Aufgaben überhaupt bewerkstelligen zu können.

Zudem ist fällt mir das Gehen schwer. Bereits nach etwa 15 Minuten muss ich eine Pause einlegen. Ich habe dann einfach keine Kraft mehr in den Beinen und es treten neben einem Schwere- und Bandagengefühl, Kribbelmissempfindungen bis ins Gesäß reichend, Schmerzen und Gleichgewichtsstörungen auf. Es fällt mir auch schwer, die Richtung zu halten, d. h. geradeaus zu gehen. Ich muss mich oft bei jemanden einhaken, um Wandberührungen und Stürze zu vermeiden.

Das Treppensteigen bereitet mir ebenfalls zunehmend Schwierigkeiten und erfordert wie das Gehen ein hohes Maß an Konzentration, damit ich mit meinen Füßen nicht an den Treppenstufen hängenbleibe. Im Tagesverlauf verschlechtert sich mein ohnehin beeinträchtigtes Gangbild weiter.

Ich habe auch oft Schwierigkeiten, Hindernissen auszuweichen, z. B. der Tischkante nach dem Erheben vom Stuhl.

Ich beantrage daher, den angefochtenen Bescheid aufzuheben/zu ändern und erneut über die Festsetzung des Grades der Behinderung/die Zuweisung eines Merkzeichens zu entscheiden.

Zu einer fachärztlichen Untersuchung und Begutachtung in Ihrer versorgungsärztlichen Untersuchungsstelle oder durch einen anderen Gutachter bin ich gerne bereit.

Mit freundlichen Grüßen

Unterschrift

Nach Einlegung des Widerspruchs prüft das Versorgungsamt, ob diesem abzuhelfen ist.

- ➲ Wird Ihrem Widerspruch (voll oder teilweise) stattgegeben, wird der ursprüngliche Feststellungsbescheid (zum Teil) aufgehoben und Sie erhalten einen (Voll- oder Teil-)Abhilfebescheid.

- ➲ Wird Ihrem Widerspruch nicht stattgegeben erhalten Sie einen Widerspruchsbescheid.

Sollten Sie mit dem sodann ergehenden **Widerspruchsbescheid** im Ergebnis nicht einverstanden sein, können Sie nun binnen Monatsfrist eine **Klage** bei Ihrem für Sie zuständigen **Sozialgericht** einlegen.

Welches Sozialgericht für Sie zuständig ist, entnehmen Sie dem Widerspruchsbescheid.

Sofern ein Urteil des Sozialgerichts ergeht und Sie auch damit nicht einverstanden sind, können Sie Berufung beim Landessozialgericht beantragen.

In Verfahren vor den Sozialgerichten sind in der Regel allenfalls die Kosten des eigenen Rechtsbeistandes zu tragen.

Personen mit geringem Einkommen kann im Rahmen der **Prozesskostenhilfe** ein Rechtsanwalt beigeordnet werden, wenn die Klage hinreichende Aussicht auf Erfolg bietet und nicht mutwillig erscheint.

Vor dem Sozialgericht und dem Landessozialgericht besteht **kein Vertretungszwang**[130].

---

[130] In der Sozialgerichtsbarkeit besteht nur vor dem Bundessozialgericht Vertretungszwang (§ 73 Absatz 4 Sozialgerichtsgesetz – SGG)

Wenn Sie vor einer Klageerhebung die Hilfe eines Rechtsanwalts in Anspruch nehmen möchten, können Sie bei geringem Einkommen bei dem für Ihren Wohnort zuständigen Amtsgericht **Beratungshilfe**[131] beantragen.

Als letzte Instanz steht Ihnen eine Klage beim Bundessozialgericht offen.

Formlose Klageerhebung – Muster (am Beispiel: Hessen)

Ziel: Feststellung eines höheren GdB und Zuerkennung des Merkzeichens G

In Sachen

(eigener Name und vollständige Adresse)

- Kläger -

g e g e n

das Land Hessen, vertreten durch das Hessische Amt für Versorgung und Soziales - Dienststelle (z. B. Kassel)

- Beklagte -

(Geschäftszeichen der Beklagten)

---

durch Rechtsanwälte und Rechtslehrer oder durch Gewerkschaften, Arbeitgebervereinigungen, Kriegsopferverbände oder andere Verbände (§ 73 Absatz 2 Nr. 5 - 9 SGG).

[131] In Hamburg und Bremen gibt es anstatt der Beratungshilfe eine öffentliche Rechtsberatung.

erhebe ich gegen den Bescheid der Beklagten vom (Datum) in der Gestalt des Widerspruchsbescheides vom (Datum) zur Fristwahrung

K L A G E

mit der Zielsetzung:

1. Aufhebung des Widerspruchsbescheides vom (Datum), Geschäftszeichen (Nr.)

2. Feststellung eines GdB von mindestens 50

Die Begründung der Klage erfolgt nach Überlassung aller der dem Widerspruchsbescheid zugrunde liegenden ärztlichen Unterlagen, einschließlich der gutachterlichen Stellungnahmen.

Ersatzweise beantrage ich Akteneinsicht.

Unterschrift

Anlagen
Bescheid vom (Datum) sowie Widerspruchsbescheid vom (Datum)

Der **Sachverhalt** wird **von Amts wegen** ermittelt (vgl. § 103 SGG).

Den Richtern obliegt eine weit gehende **Aufklärungspflicht** einschließlich der Beseitigung von Formfehlern, der Erläuterung unklarer und der Stellung sachdienlicher Anträge, der Ergänzung ungenügender Angaben und der Abgabe wesentlicher Erklärungen.

Das **Klagerecht vor den Sozialgerichten** ist **als Schutzrecht ausgestaltet**, was durch eine Vielzahl „bürgerfreundlicher" Regelungen gewährleistet wird (z. B. bestimmte Frist- und Formerleichterungen, das Recht, einen bestimmten Arzt als Sachverständigen zu benennen und grundsätzliche Kostenfreiheit des Verfahrens).

HINWEIS: Der Betroffene kann auch auf ein **Rechtsbehelfsverfahren** verzichten und einige Zeit später bei der Behörde, die den Bescheid ausgestellt hat, auch einen sogenannten **Änderungs-/Verschlimmerungsantrag** (siehe hierzu auch III c., S. 26 ff.) stellen.

Das ist allerdings regelmäßig kein guter Weg, denn dann erlangt der aus Betroffenensicht fehlerhafte Bescheid nach Ablauf der Widerspruchsfrist Bestandskraft, d. h. sein Inhalt wird grundsätzlich bindend.

Der sogenannte Änderungs-/Verschlimmerungsantrag verspricht immer nur dann Erfolg, wenn seit der letzten Feststellung eine wesentliche Änderung des Gesundheitszustandes im Sinne einer Verschlechterung eingetreten ist.

Nur die fristgerechte Anfechtung eines Bescheides oder Widerspruchsbescheides mittels Widerspruches oder Klage hindert den Eintritt der Bestandskraft der aus Betroffenensicht fehlerhaften Entscheidung.

Anhang 7

Ablauf eines Bewerbungsverfahrens in Betrieben, in denen keine Schwerbehinderten- oder Mitarbeitervertretung besteht:

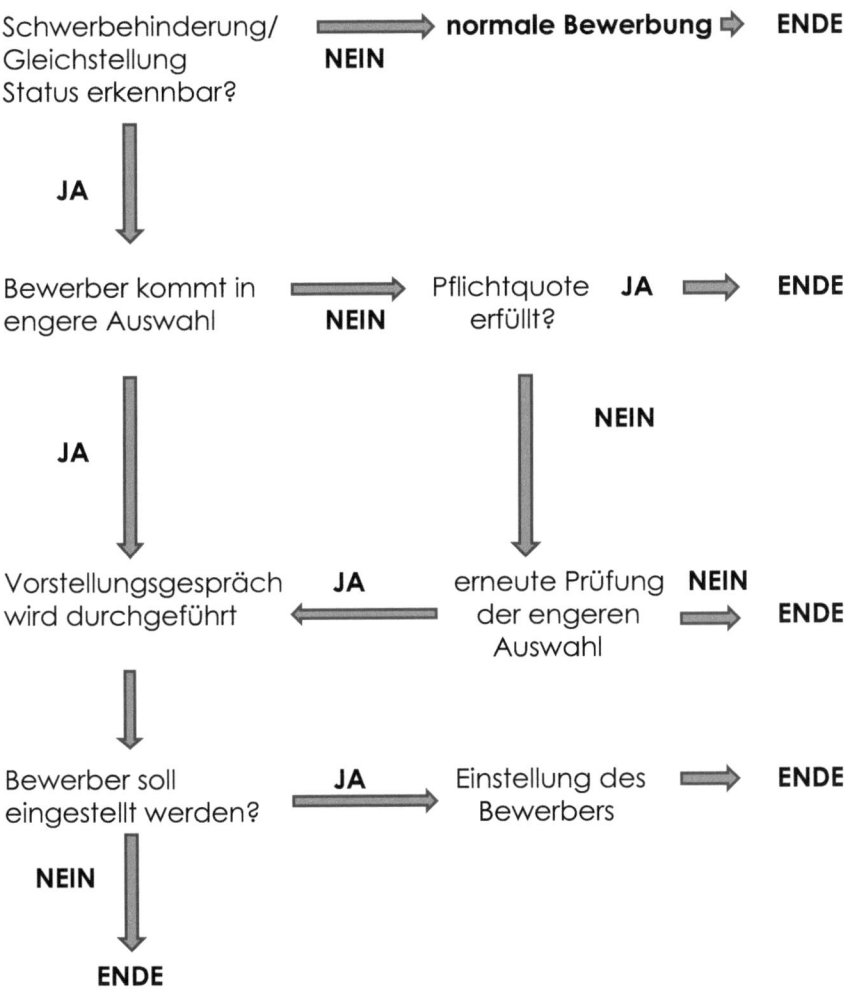

Anhang 8

§ 622 BGB

Kündigungsfristen bei Arbeitsverhältnissen

(1) Das Arbeitsverhältnis eines Arbeiters oder eines Angestellten (Arbeitnehmers) kann mit einer Frist von vier Wochen zum Fünfzehnten oder zum Ende eines Kalendermonats gekündigt werden.

(2) Für eine Kündigung durch den Arbeitgeber beträgt die Kündigungsfrist, wenn das Arbeitsverhältnis in dem Betrieb oder Unternehmen

1. zwei Jahre bestanden hat, einen Monat zum Ende eines Kalendermonats,

2. fünf Jahre bestanden hat, zwei Monate zum Ende eines Kalendermonats,

3. acht Jahre bestanden hat, drei Monate zum Ende eines Kalendermonats,

4. zehn Jahre bestanden hat, vier Monate zum Ende eines Kalendermonats,

5. zwölf Jahre bestanden hat, fünf Monate zum Ende eines Kalendermonats,

6. 15 Jahre bestanden hat, sechs Monate zum Ende eines Kalendermonats,

7. 20 Jahre bestanden hat, sieben Monate zum Ende eines Kalendermonats.

Bei der Berechnung der Beschäftigungsdauer werden Zeiten, die vor der Vollendung des 25. Lebensjahres des Arbeitnehmers liegen, nicht berücksichtigt.[132]

---

[132] Das Bundesarbeitsgericht hat hierzu mit Urteil vom 18. September

(3) Während einer vereinbarten Probezeit, längstens für die Dauer von sechs Monaten, kann das Arbeitsverhältnis mit einer Frist von zwei Wochen gekündigt werden.

(4) Von den Absätzen 1 bis 3 abweichende Regelungen können durch Tarifvertrag vereinbart werden. Im Geltungsbereich eines solchen Tarifvertrags gelten die abweichenden tarifvertraglichen Bestimmungen zwischen nicht tarifgebundenen Arbeitgebern und Arbeitnehmern, wenn ihre Anwendung zwischen ihnen vereinbart ist.

(5) Einzelvertraglich kann eine kürzere als die in Absatz 1 genannte Kündigungsfrist nur vereinbart werden,

1. wenn ein Arbeitnehmer zur vorübergehenden Aushilfe eingestellt ist; dies gilt nicht, wenn das Arbeitsverhältnis über die Zeit von drei Monaten hinaus fortgesetzt wird;

2. wenn der Arbeitgeber in der Regel nicht mehr als 20 Arbeitnehmer ausschließlich der zu ihrer Berufsbildung Beschäftigten beschäftigt und die Kündigungsfrist vier Wochen nicht unterschreitet.

Bei der Feststellung der Zahl der beschäftigten Arbeitnehmer sind teilzeitbeschäftigte Arbeitnehmer mit einer regelmäßigen wöchentlichen Arbeitszeit von nicht mehr als 20 Stunden mit 0,5 und nicht mehr als 30 Stunden mit 0,75 zu berücksichtigen. Die einzelvertragliche Vereinbarung längerer als der in den Absätzen 1 bis 3 genannten Kündigungsfristen bleibt hiervon unberührt.

2014, Az. 6 AZR 636/13, entschieden, dass die Verlängerung der Kündigungsfristen durch § 622 Absatz 2 Satz 1 BGB) das rechtmäßige Ziel verfolgt, länger beschäftigten und damit betriebstreuen, typischerweise älteren Arbeitnehmern durch längere Kündigungsfristen einen verbesserten Kündigungsschutz zu gewähren. Zur Erreichung dieses Ziels ist die Verlängerung auch in ihrer konkreten Staffelung angemessen und erforderlich im Sinne des Art. 2 Absatz 2 Buchstabe b Ziff. i) RL 2000/78/EG. Darum liegt keine mittelbare Diskriminierung wegen des Alters vor.

(6) Für die Kündigung des Arbeitsverhältnisses durch den Arbeitnehmer darf keine längere Frist vereinbart werden als für die Kündigung durch den Arbeitgeber.

Anmerkung

Diese **Staffelung gilt nur für Kündigungen durch Arbeitgeber**, nicht für Kündigungen durch Arbeitnehmer.

Arbeitnehmer haben immer nur eine Kündigungsfrist von vier Wochen zum 15. oder zum Ende eines Kalendermonats, wenn nichts anderes im Arbeitsvertrag geregelt ist.

Kündigungsschreiben - Muster

Sehr geehrte(r) Frau/Herr (Name),

hiermit kündige ich meinen Arbeitsvertrag vom (Datum) fristgerecht und ordentlich zum (Datum).

Bitte bestätigen Sie mir schriftlich, dass Sie die Kündigung erhalten haben.

Vielen Dank für die gute Zusammenarbeit.

Mit freundlichen Grüßen

Unterschrift

Fristenberechnung

Für den Zugang der Kündigung ergibt sich hieraus Folgendes:

Soll die **Kündigung zum 15. des Monats** erfolgen, muss die Kündigung in Monaten mit 30 Tagen bis zum 17. des Vormonats erfolgen.

In Monaten mit 31 Tagen muss die Kündigung bis zum 18. des Vormonats erfolgen.

Soll die **Kündigung soll zum Monatsende** erfolgen, muss die Kündigung in Monaten mit 30 Tagen bis zum 2. des Monats erfolgen.

In Monaten mit 31 Tagen muss die Kündigung bis zum 3. des Monats erfolgen.

Sonderfall „Februar" (Nicht-Schaltjahr = 28. Tage)

Wollen Arbeitgeber oder Arbeitnehmer in einem Nicht-Schaltjahr mit der Grundkündigungsfrist kündigen, muss die Kündigung für die Kündigung zum 28. Februar spätestens am 31. Januar des Jahres zugehen.

Für die Kündigung zum 15. März muss die Kündigung am 15. Februar zugehen.

Hat der Februar ausnahmsweise 29. Tage (Schaltjahr, zuletzt 2024, das nächste wird es 2028 geben), muss die Kündigung für eine Kündigung zum 29. Februar spätestens am 1. Februar zugehen.

Die Kündigung zum 15. März muss spätestens am 16. Februar zugegangen sein.

Anhang 9

Kündigungsschutzklage - Muster

Ich, (Name und Anschrift)

- Kläger -

erhebe hiermit gegen (Name und Anschrift des Arbeitgebers)

- Beklagter -

Kündigungsschutzklage

und beantrage:

1. *Es wird festgestellt, dass das Arbeitsverhältnis zwischen den Parteien durch die Kündigung vom (Datum) nicht beendet ist/wird.*

2. *Es wird festgestellt, dass das zwischen den Parteien bestehende Arbeitsverhältnis auch nicht durch andere Beendigungstatbestände aufgelöst ist.*

3. *Den Beklagten zu verurteilen, an den Kläger (Entgelt) Euro netto/brutto* nebst Zinsen in Höhe von fünf Prozentpunkten über dem Basiszinssatz seit (Datum) oder alternativ dazu: ab Klagezustellung zu zahlen.*

Begründung

Auf mein Arbeitsverhältnis sind die Rechtsvorschriften des Kündigungsschutzgesetzes anzuwenden. Der Beklagte beschäftigt durchgängig mehr als zehn Vollzeitarbeitnehmer und mein Arbeitsverhältnis besteht bereits länger als sechs Monate bzw. sind bei dem Beklagten mehr als fünf Vollzeitarbeitnehmer beschäftigt, die - ebenso wie ich - bereits vor dem 1. Januar 2004 dort tätig waren.

Ich bin seit (Datum) bei dem Beklagten in (Beschäftigungsort) als (Tätigkeit) beschäftigt. Es ist ein Monatsgehalt/Stundenlohn von (Betrag) EUR brutto bei einer regelmäßigen monatlichen/wöchentlichen Arbeitszeit von (Anzahl) Stunden vereinbart.

Ein schriftlicher Arbeitsvertrag ist abgeschlossen worden und beigefügt. Ich bin geboren am (Datum), bin (Familienstand angeben) und habe keine Kinder oder für (Anzahl) Kind/er zu sorgen.

Das Arbeitsverhältnis ist mit Schreiben vom (Datum) gekündigt worden. Die Kündigung ist mir am (Datum) zugegangen.

Soweit das Arbeitsverhältnis fristlos gekündigt worden ist, bestreite ich das Vorliegen eines wichtigen Grundes, der eine fristlose Kündigung rechtfertigen könnte. Insoweit bestreite ich auch die Einhaltung der Zweiwochenfrist des § 626 Absatz 2 BGB.

Die Kündigung ist unwirksam, weil sie sozial ungerechtfertigt ist. Es liegen weder Gründe in meiner Person noch in meinem Verhalten noch dringende betriebliche Erfordernisse vor, die meiner Weiterbeschäftigung entgegenstehen.

Im Übrigen rüge ich die ordnungsgemäße Durchführung der Sozialauswahl gemäß § 1 Absatz 3 KSchG.

Es besteht ein Betriebsrat. Die ordnungsgemäße Beteiligung bzw. Anhörung des Betriebsrates wird mit Nichtwissen bestritten.

Oder:

Der bestehende Betriebsrat hat der Kündigung fristgerecht widersprochen. Auf den beigefügen Widerspruch, der zum Inhalt der Klageschrift gemacht wird, weise ich hin.

Mit dem Klageantrag zu 2. wird eine selbstständige allgemeine Feststellungsklage gemäß § 256 ZPO erhoben. Es sind zurzeit zwar keine weiteren als die angegriffenen Kündigungserklärungen bekannt, es besteht jedoch die Befürchtung, dass im Laufe des Verfahrens weitere. mündliche - Kündigungserklärungen ausgesprochen werden. Der Klageantrag richtet sich daher auf Feststellung der Nichtbeendigung des Arbeitsverhältnisses durch derartige Erklärungen.

Mit dem Klageantrag zu 3.) wird das mir noch zustehende Arbeitsentgelt für die ordnungsgemäß erbrachte Arbeitsleistung in der Zeit vom (Datum) bis (Datum) in Höhe von (Betrag) EUR netto/brutto gefordert.

Unterschrift

Anlagen

Kopie der Kündigung*
Kopie des Arbeitsvertrages
Kopie einer aktuellen Gehaltsabrechnung
(ggf. weitere Angaben zum Sachverhalt, beigefügt auf einem zusätzlichen Blatt)

*Immer beifügen, denn selbst wenn Sie die beklagte Partei nicht richtig bezeichnet haben, kann mithilfe des Kündigungsschreibens die richtige Partei bestimmt werden (§ 140 BGB).

Anmerkung

Bevor es zum eigentlichen Gerichtsverfahren kommt, müssen Sie bei arbeitsrechtlichen Streitfällen an der sogenannten **Güteverhandlung** teilnehmen.

Die Wartezeit auf einen Termin für eine Güteverhandlung beträgt bei Standardverfahren wie Kündigungsschutzklagen – also Klagen, die gegen eine unrechtmäßige Kündigung gerichtet sind – meist nur zwei bis vier Wochen.

Das Kündigungsschutzverfahren endet mit einer gerichtlichen Entscheidung, gegen die in der nächsthöheren Instanz ein Rechtsmittel eingelegt werden kann.

Anhang 10

Mögliche Kostenträger für die Erbringung von Rehabilitationsleistungen (Reha-Leistungen) und Leistungen zur Teilhabe am Arbeitsleben

Die Wiederherstellung der Gesundheit, die (Wieder-)Eingliederung ins Arbeitsleben, die Verhinderung und der Verschlechterung des Gesundheitszustands. Menschen mit Behinderungen oder von Behinderungen bedrohte Menschen sollen durch Reha- und Teilhabeleistungen zudem ein möglichst selbstständiges und selbstbestimmtes Leben führen können.

Reha- und Teilhabeleistungen beziehen vorbeugend die Prävention, also die Vorbeugung gegen drohende Leistungseinschränkungen, mit ein.

Die verschiedenen Reha-Leistungen von den einzelnen Sozialleistungsträgern können dazu beitragen, dass auch an MS erkrankte Menschen weiterhin bzw. wieder am beruflichen und/oder Leben in der Gesellschaft teilhaben können.

Im **Grundsatz gilt: Reha/Teilhabeleistung vor Pflege** und **Reha/Teilhabeleistung vor Rente.** Das heißt: Es wird möglichst versucht, mit Reha-/Teilhabe-Maßnahmen eine Pflegebedürftigkeit und/oder den Renteneintritt zu verhindern oder zumindest zu verzögern.

Träger der gesetzlichen Rentenversicherung

Für Antragsteller mit 15 Jahren **Wartezeit**[133] oder die eine Rente wegen (teilweise) verminderter Erwerbsfähigkeit beziehen, sind die Rentenversicherungsträger zuständig (siehe § 16 SGB VI in Verbindung mit § 33 SGB IX).
Sie gewähren auch Leistungen zur Teilhabe am Arbeitsleben, wenn ohne diese Leistungen eine Rente wegen verminderter

---

[133] Als Wartezeit bezeichnet man eine bestimmte Mindestversicherungszeit.

Erwerbsfähigkeit zu leisten wäre oder wenn sie für die erfolgreiche Sicherung einer medizinischen Reha unmittelbar im Anschluss erforderlich sind.

Da die Reha in der Rentenversicherung u. a. das Ziel hat, Rente wegen verminderter Erwerbsfähigkeit abzuwenden oder hinauszuzögern[134], können auch jüngere Versicherte ohne Erfüllung der 15 Jahre Wartezeit Leistungen zur Teilhabe am Arbeitsleben erhalten (§ 11 Absatz 2a SGB VI).

Agentur für Arbeit

Für Antragsteller mit weniger als 15 Jahren sozialversicherungspflichtiger Beschäftigung und Auszubildende ist die Agentur für Arbeit zuständig[135].

Im Rahmen der beruflichen Reha ist sie auch für erwerbsfähige Hilfebedürftige mit Behinderung zuständig, die Leistungen zur Grundsicherung nach Sozialgesetzbuch (SGB) Zweites Buch - Bürgergeld, Grundsicherung für Arbeitsuchende (II) durch die Jobcenter erhalten, sofern kein anderer Reha-Träger zuständig ist, siehe Sozialgesetzbuch (SGB) Drittes Buch – Arbeitsförderung (III).

Jobcenter

Für Empfänger von Arbeitslosengeld II sind die Jobcenter zuständig. Jobcenter sind gemeinsame Einrichtungen von Kommunen (Kreise und kreisfreie Städte) und Agenturen für Arbeit, die u. a. das Arbeitslosengeld II auszahlen.

Träger der gesetzlichen Unfallversicherung

Für die berufliche Wiedereingliederung nach Arbeits- und Wegeunfällen oder Berufskrankheiten sind die Träger der gesetzlichen Unfallversicherung zuständig.

---

[134] Es gilt der Grundsatz: „Reha vor Rente", siehe bereits S. 143.

[135] Für nähere Informationen siehe auch Bundesagentur für Arbeit: Merkblatt Nr. 12 – Förderung der Teilhabe am Arbeitsleben für Arbeitnehmer und Arbeitnehmer (Stand: Dezember 2024).

Integrationsamt

Integrationsämter erbringen nur Leistungen für schwerbehinderte Beschäftigte oder diesen Gleichgestellten, u. a. **auch für Beamte und Selbstständige, für die kein Reha-Träger zuständig ist**.

Sie leisten **nachrangig** zu den Reha-Trägern und den bestehenden Pflichten des Arbeitgebers.

Die gesetzlichen Bestimmungen sind in der Schwerbehinderten-Ausgleichsabgabeverordnung (SchwbAV) näher geregelt.

Träger des sozialen Entschädigungsrechts

Anspruchsberechtigt sind z. B. Bundeswehrsoldaten, Bundesgrenzschutzbeschäftigte, Zivildienstleistende, Opfer von Gewalttaten, Impfgeschädigte, Geschädigte infolge einer Haft aus politischen Gründen in der früheren DDR oder in bestimmten Vertreibungsgebieten.

Träger der sozialen Entschädigung bei Gesundheitsschäden sind die Landesversorgungsämter, Versorgungsämter, Hauptfürsorgestellen beziehungsweise Integrationsämter (für schwerbehinderte Menschen nach SGB IX Teil 2) und Fürsorgestellen für Kriegsopfer (§ 26, 26a Bundesversorgungsgesetz [BVG]).

Träger der Sozialhilfe

Menschen, die Sozialhilfe erhalten und körperlich, geistig oder seelisch wesentlich behindert sind, haben Anspruch auf Reha-Leistungen der Sozialhilfe, sofern kein anderer Träger zuständig ist.

Zum anspruchsberechtigten Personenkreis gehören auch Studenten. Verantwortlich für die Hilfe sind die örtlichen (Landkreise, kreisfreie Städte) und überörtlichen Träger (je nach Landesrecht unterschiedlich) der Sozialhilfe: Landschaftsverbände, Landeswohlfahrtsverbände und Landessozialämter (siehe § 54 Sozialgesetzbuch (SGB) Siebtes Buch – Leistungen der Eingliederungshilfe (VII), in Verbindung mit § 33 SGB IX).

Träger der öffentlichen Jugendhilfe

Kinder, Jugendliche und junge Volljährige bis 27 Jahre, die eine seelische Behinderung haben oder von einer Behinderung bedroht sind, haben Anspruch auf Eingliederungshilfe. Zuständig für die Leistungen sind im Wesentlichen die öffentlichen Jugendhilfeträger (Jugendämter) beziehungsweise die Kommunen (kreisfreie Städte, Landkreise), sofern kein anderer Träger zuständig ist (siehe § 86 Sozialgesetzbuch (SGB) Achtes Buch - Kinder- und Jugendhilfe, VIII, § 35a SGB VIII).

HINWEIS: Private Krankenversicherungsunternehmen gehören nicht zu den Reha-Trägern in diesem Sinne. Ob die Kosten einer Reha-Maßnahme bei einer privaten Krankenversicherung übernommen werden oder nicht, hängt von den Vertragskonditionen ab

Alle Träger sind zur engen Zusammenarbeit verpflichtet.

Aus den oft schwer überschaubaren Zuständigkeitsabgrenzungen sollen schwerbehinderten oder ihnen gleichgestellte Menschen keine Nachteile erwachsen, daher gibt es die Vorschrift nach § 14 SGB IX (Leistender Reha-Träger), damit Antragsteller bei der Klärung der Zuständigkeit entlastet sind und Leistungen möglichst schnell erbracht werden.

HINWEIS: Ist die Zuständigkeit unklar, kann man im ersten Schritt einen Antrag auf Leistungen zur Teilhabe am Arbeitsleben bei irgendeinem der möglichen Reha-Träger oder beim Integrationsamt stellen.

Diese sind verpflichtet, die Zuständigkeit unverzüglich zu klären und über die Leistung(-en) zu entscheiden.

Anhang 11

1. Denkbarer Ablauf – Betriebliches Eingliederungsmanagement (BEM)

Feststellen der Arbeitsunfähigkeit
von mehr als sechs Wochen

Kontaktaufnahme mit Arbeitnehmer

Einladung durch Anschreiben[136]
⇓

Bitte um Rückmeldung zur Teilnahme (JA/NEIN)

Auch wenn die BEM-berechtigte Person BEM-Verfahren
wiederholt abgelehnt hat, ist bei erneuter
Überschreitung einer sechswöchigen
Arbeitsunfähigkeit ein weiteres BEM-
Angebot zu unterbreiten.

WENN JA:
Terminvereinbarung
⇓

1. BEM-Informations-/Erstgespräch,
Abklärung der Ursachen der Arbeitsunfähigkeit,
Fähigkeits- und Leistungsprofil ermitteln,
unter Umständen Einsatz eines Arbeitsmediziners
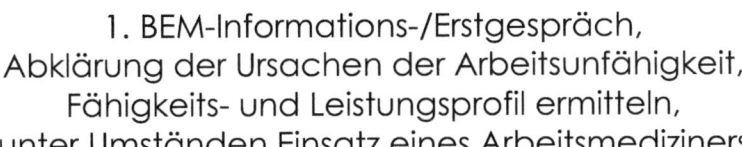

Terminvereinbarung für das zweite Gespräch

---

[136] Ein pauschaler Hinweis reicht nicht aus. Zum Umfang der Unterrichtung gehört zudem der konkrete Hinweis auf die eventuelle Beteiligung aller gesetzlich vorgesehenen Stellen, so Landesarbeitsgericht Hessen vom 13. August 2018, Az. 16 SA 1466/17.

BEM-Kerngespräch

⬇

ggf. weitere Gespräche

⬇

Maßnahmenumsetzung und -überprüfung

Diese können auch nur vorübergehend sein.

Beispiele:

Beschaffung und / oder Einsatz von technischen Hilfs-mitteln, Anpassung des Arbeitsplatzes, Anpassung der Arbeitszeiten, Vermeidung von Kundenkontakten oder Dienstreisen in einem definierten Zeitraum, Stufenweise Wiedereingliederung

Der BEM-Berechtigte wird während der Durchführung der Maßnahmen begleitet und unterstützt.
Dabei können auftretende Schwierigkeiten frühzeitig erkannt und beseitigt werden.
Anschließend ist zu prüfen, ob die eingeleiteten Maß-nahmen erfolgreich waren.

Abschlussgespräch

positiv:
Ziele des BEM wurden erreicht
(Ergebnisse der Wirksamkeitskontrolle)

oder

negativ:
Keine Maßnahme war möglich oder erfolgreich

Dokumentation der Maßnahmen

2. Mögliche Beteiligte, z. B.

In Betracht neben dem BEM-Berechtigten kommen insbesondere:

- Vertrauensperson des BEM-Berechtigten (Person eigener Wahl aus dem Freundes- bzw. Familienkreis oder aus dem Betrieb, s. hierzu auch § 167 Absatz 2 Satz 2 SGB IX.

- betriebliche Interessenvertretung

- Schwerbehindertenvertretung

- Betriebsarzt

- behandelnde Ärzte und

- Therapeuten

- Fachkraft für Arbeitssicherheit (Person, die den Arbeitgeber auf dem Gebiet der Arbeitssicherheit – genauer: „Arbeitssicherheit und Gesundheitsschutz und menschengerechte Arbeitsgestaltung" berät und zu unterstützt)

- Reha-Träger (z. B. gesetzliche Kranken-, Renten- oder Unfallversicherung, Bundesagentur für Arbeit), sofern Leistungen zur Teilhabe oder begleitenden Hilfen im Arbeitsleben in Betracht kommen

- Integrationsamt bei Menschen mit Behinderung

In größeren Betrieben wird häufig ein **BEM-Team** gebildet, indem Vertreter aller Beteiligten gemeinsam den Prozess gestalten.

Anmerkung

Die betroffenen Beschäftigten können die Beteiligung einzelner dieser Akteure ablehnen.

Stichwortverzeichnis

Abkürzungen

AGG	Allgemeinen Gleichbehandlungsgesetz
ASiG	Arbeitssicherheit-Gesetz
ArbGG	Arbeitsgerichtsgesetz
ArbZG	Arbeitszeitgesetz
Az.	Aktenzeichen
BBiG	Berufsbildungsgesetz
BEG	Bürokratieentlastungsgesetz
BetrVG	Betriebsverfassungsgesetz
BPersVG	Bundespersonalvertretungsgesetz
BEM	Betriebliches Eingliederungsmanagement
BGB	Bürgerliches Gesetzbuch
BMAS	Bundesministerium für Arbeit und Soziales
BMJ	Bundesministerium der Justiz
BTHG	Bundesteilhabegesetz
BVG	Bundesversorgungsgesetz
DDR	Deutsche Demokratische Republik
DGUV	Deutsche Gesetzliche Unfallversicherung
dmsg	Deutsche Multiple Sklerose Gesellschaft
EEG	Elektroenzephalographie
EntgFG	Entgeltfortzahlungsgesetz
EStDV	Einkommensteuer-Durchführungsverordnung
EStG	Einkommensteuergesetz
EuGH	Europäischer Gerichtshof
EU-weit	die ganze Europäische Union umfassend
f./ff.	folgende/fortfolgende
FPfZG	Familienpflegezeitgesetz
GbR	Gesellschaft bürgerlichen Rechts
GdB	Grad der Behinderung
GdS	Grad der Schädigung
GG	Grundgesetz
Ggf./ggf.	gegebenenfalls
griech.	griechisch
HwO	Handwerksordnung
ICE	Intercity-Express

ICF	International Classification of Functioning, Disability and Health, also vollständig: Internationale Klassifizierung von Funktionsfähigkeit, Behinderung und Gesundheit
JArbSchG	Jugendarbeitsschutzgesetz
KG	Kommanditgesellschaft
KraftStG	Kraftfahrzeugsteuergesetz
KSchG	Kündigungsschutzgesetz
LAGeSo	Landesamt für Gesundheit und Soziales
MS	Multiple Sklerose
MuSchG	Mutterschutzgesetz
NachwG	Nachweisgesetz
OHG	Offene Handelsgesellschaft
ÖPNV	Öffentlicher Personennahverkehr
PartG	Partnerschaftsgesellschaft
RBStV	Rundfunkbeitragsstaatsvertrag
Reha	Rehabilitation
Rn.	Randnummer
S.	Seite
S-Bahn	Straßenbahn
SchwbAV	Schwerbehinderten-Ausgleichsabgabeverordnung
SchwbAwV	Schwerbehindertenausweis-Verordnung
SchwbWO	Wahlordnung Schwerbehindertenvertretung
SGB I	Sozialgesetzbuch Erstes Buch – Allgemeiner Teil
SGB II	Sozialgesetzbuch Zweites Buch – Bürgergeld, Grundsicherung für Arbeitsuchende
SGB III	Sozialgesetzbuch Drittes Buch – Arbeitsförderung
SGB V	Sozialgesetzbuch Fünftes Buch – Gesetzliche Krankenversicherung
SGB VI	Sozialgesetzbuch Sechstes Buch – Gesetzliche Rentenversicherung
SGB VII	Sozialgesetzbuch Siebtes Buch – Gesetzliche Unfallversicherung
SGB VIII	Sozialgesetzbuch Achtes Buch – Kinder- und Jugendhilfe

SGB IX	Sozialgesetzbuch Neuntes Buch – Rehabilitation und Teilhabe von Menschen mit Behinderungen
SGB X	Sozialgesetzbuch Zehntes Buch - Sozialverwaltungsverfahren und Sozialdatenschutz
SGB XII	Sozialgesetzbuch Zwölftes Buch – Sozialhilfe
SGG	Sozialgerichtsgesetz
StGB	Strafgesetzbuch
TVöD	Tarifvertrag für den Öffentlichen Dienst
TzBfG	Teilzeit- und Befristungsgesetz
U-Bahn	Untergrundbahn
UN-BRK	UN-Behindertenrechtskonvention
VEP	Ableitung visuell evozierter Potenziale
Vgl./vgl.	Vergleiche/vergleiche
VMG	Versorgungsmedizinische Grundsätze
VersMedV	Versorgungsmedizin-Verordnung
WoFG	Wohnraumförderungsgesetz
WoGG	Wohngeldgesetz
WVO	Werkstättenverordnung
Z. B./z. B.	Zum Beispiel/zum Beispiel
ZPO	Zivilprozessordnung

Weitere Publikationen von Marianne Moldenhauer, u. a.

ausgebremst und doch unaufhaltsam – Herausforderungen meistern und Lebensqualität bewahren (2025)
Dieses Buch ist eine Einladung, sich mit eigenen Gedanken und Gefühlen zu verbinden - ein Weg zu innerer Stärke, mehr Gelassenheit, Stabilität und einem erfüllten Dasein.
Hardcover, ISBN 978-3-7693-8987-6

alleine stark – vereint unschlagbar – Beziehungen, Perspektiven, Erkenntnisse (2024)
Mit ihren klaren und unter die Haut gehenden Gedankenzeilen lädt die Autorin zum selbstkritischen „In sich gehen" für gelingende zwischenmenschliche Beziehungen und zur Umsetzung eigener Wünsche an.
Hardcover, ISBN 978-3-7583-3122-0

Schule, Ausbildung, Studium - mit Multipler Sklerose (2023)
Hrsg. Deutsche Multiple Sklerose Gesellschaft Bundesverband e. V.

(R)ECHT VERSTEHEN
Das Buch gibt Einblicke in die teilweise schwierige Materie des Sozial- und Arbeitsrechts und soll zugleich Wegweiser für den Umgang mit Behörden und/oder Arbeitgeber sein.
Paperback, ISBN 978-3-7568-3891-2

Die Tür zu deinem inneren Raum ist offen – Selbstbegegnung in herausfordernden Zeiten (2021)
Die Autorin thematisiert die innere Haltung, die es uns ermöglicht, Gedanken, Emotionen und Wünsche in Bezug auf uns selbst wahrzunehmen, diese zu verstehen, gelassen im Augenblick zu verweilen und daran anschließend unserem inneren Wegweiser zu folgen oder auch ganz bewusst einen anderen Weg zu gehen.
Hardcover, ISBN 978-3-7543-0426-6

Arbeiten mit MS (2021)
Hrsg. Deutsche Multiple Sklerose Gesellschaft Bundesverband e. V.

Weg(durch)kreuzungen offen und beherzt meistern – Den eigenen Weg finden und gehen (2020), **Fotos:** Bernd Vogel
Poesie mit Fotografie ist das Motto bei diesem gemeinsamen Debüt zweier Menschen mit vielseitigen Begabungen und Interessen, deren Wege sich im Rahmen ihrer ganz unterschiedlich ausgestalteten

ehrenamtlichen Arbeit für Multiple-Sklerose-Betroffene gekreuzt haben.

Die Texte strahlen ebenso wie die mit fotografischem Blick und schöpferischem Potential kunstvoll eingefangenen Impressionen eine angenehme Ruhe, Kraft und Weisheit aus und schenken erhellende Gedanken, Mut und Zuversicht in herausfordernden Situationen.

Hardcover, ISBN 978-3-7494-6990-1

MS ist nicht mein ganzes ICH – Kreativ leben mit chronischer Erkrankung (2019), **Fotos:** Birgit Meyer

Die Synthese aus wegweisenden Gedanken und stimmungsvollen, mit der Kamera „gemalten" Fotos lädt zum Verweilen ein und gibt Auftrieb, wenn es im Leben vielleicht einmal nicht so läuft, wie es laufen sollte, oder wenn man vor einer schwierigen Aufgabe steht und regt zum Innehalten, Nachdenken und Reflektieren an.

Hardcover, ISBN 978-3-7494-5452-5

Mit MS im Recht - Die effektive Durchsetzung sozialrechtlicher Ansprüche

Recht zu haben, bedeutet noch lange nicht, dass man dieses auch bekommt. Das Buch liefert strategisches Know-how, wertvolles Praxiswissen, konkrete Tipps und rechtssichere Formulierungshilfen für die effektive Durchsetzung berechtigter rechtlicher Interessen gegenüber verschiedenen Leistungsträgern, Behörden und vor den Sozialgerichten.

Paperback, ISBN 978-3-7481-7531-5

Mut zur Besonnenheit – Mit Bedachtsamkeit und innerer Ruhe zu mehr Wohlbefinden (2019)

In diesem Buch geht es um die überlegte, selbstbeherrschte Gelassenheit, die uns auch bei wichtigen Entscheidungen oder in heiklen Situationen den Verstand die Oberhand behalten lässt, um vorschnelles und unüberlegtes Handeln zu vermeiden und die Widrigkeiten und Herausforderungen des Lebens bestmöglich zu meistern.

Hardcover, ISBN 978-3-7494-4852-4

Paarweise gestärkt (2018)

In Aphorismen und Gedichten gibt die Autorin persönliche Einblicke in ihr facettenreiches Hobby TANZEN. Sie beschreibt Gefühle, schildert Tanzerlebnisse und persönliche Eindrücke und veranschaulicht

die Wirkung des (Paar-)Tanzens fürs seelische und körperliche Wohlbefinden.
Paperback, ISBN 978-3-7392-4988-9

Lenken durch Denken (2017)
Die Texte der Autorin sensibilisieren, Krisen, belastende Lebensum-
stände und Herausforderungen des Alltags durch den Rückgriff auf
eigene und sozial vermittelte Ressourcen zu bewältigen.
Hardcover, ISBN 978-3-7412-8965-1

Herzens-Glück - HERZgefühl und HERZensangelegenheiten (2017)
Die Autorin legt authentisch-filigrane, empfindsame und tiefge-
hende Gedankenzeilen rund um Herzgefühle und Herzensangelegenheiten, gepaart mit wunderschönen Fotos in die Hände ihrer Le-
serschaft und regt bei der Lektüre zu einer Reise zum ganz persönlichen Herzensglück an.
Hardcover, ISBN 978-3-7412-9399-3 und
Paperback, Schwarz/Weiß-Ausgabe, ISBN 978-3-7412-7149-6

Mit Vernunft, Bauchgefühl und Intuition zu mehr Lebensfreude (2016)
Gespickt mit farbenfrohen Fotos aus der Natur und dem eigenen
Garten widmet sich die Autorin dem achtsamen Umgang mit der
eigenen Lebensenergie hin zu einem aktiven und positiven Leben.
Hardcover, ISBN 978-3-8423-3970-5

Im Leben tief verwurzelt (2016)
In Aphorismen, Texten, Gedichten und Fotos, die die Zeit für einen
kurzen Moment zum Stehen bringen, widmet sich die Autorin dem
Thema Baum und Mensch.
Hardcover, ISBN 978-3-8370-1543-0

Eine hilfreiche Paarung: Multiple Sklerose und Optimismus (2016)
Die Autorin gibt Eindrücke aus der Gefühlswelt MS-Erkrankter wieder
und ermöglicht zugleich auch persönliche Einblicke in das Leben
mit Multipler Sklerose, dieser bislang nicht heilbaren Erkrankung des
zentralen Nervensystems „mit den 1.000 Gesichtern".
Hardcover, ISBN 978-3-7392-4840-0

Erhältlich im nationalen und internationalen Buchhandel
in Buchhandlungen und Online-Shops.

Raum für persönliche Notizen: